般若経

空の世界

梶山雄一

講談社学術文庫

まえがき

「ロボット工学ではわが国第一人者といわれる森政弘・東京工大教授は『ロボットをやっていると、仏教のことがよくわかりますよ』という。それはたとえばこういうことだ。

――ロボットにどんな本能を持たせるかは設計者の自由である。〝食欲〟を持たせたければ、ロボットに内蔵するバッテリーが上がりかけると自分で電源を探して近づき、コンセントに自分を接続して充電できるようにすればよい。また、どんな目を持たせるかも設計者の自由だ。ロボットに丸い物を識別する目を持たせれば、ロボットはこの世界は大小の円から成り立っていると認識する。これは原理的に動物の目についてもいえることで、カエルの目は自分の方に向かって動いてくるものしか識別しないし、犬の目は色を識別できないから、犬にとってこの世界は無色の世界だ。ロボットも動物も、自分の目がとらえた世界がすべてだ、と思っている。とすると、人間の目だけはすべてをとらえつくしているという考え方は、単なる思い上がりにすぎないということは容易に納得がいこう。『色即是空』と釈迦が説いているのも、実はそういうことなのだ」（『毎日新聞』一九七五年九

月十六日「宗教を現代に問う」〈1〉より）

人間が見ているこの世界。われわれはこれが世界であり、これが唯一の実在だと思っているけれども、はたしてそうなのか。森教授は、それは単なる思いあがりにすぎない、という。私は『毎日新聞』でこの一文を読んだときに、本書第五章「不二」の節でも引用した、『維摩《ゆいま》経』のなかで天女がシャーリプトラ（舎利《しゃり》弗《ほつ》）を叱りつける場面を思いだした。現代は、宗教家のかわりに科学者が常識家を叱責する時代なのかもしれない。

もちろん、森教授が指摘しているようなことは、哲学の領域では、ヒュームやカントをはじめ現代の言語哲学者にいたるまで、多くの学者がいい続けてきたことであるし、仏教では「般若経」やナーガールジュナ（龍樹。二〜三世紀）、ヴァスバンドゥ（世親。五世紀）をはじめとする人々が説き続けてきたことでもある。

ヴァスバンドゥの書いた『唯識二十論』に餓鬼の話が出てくる。たとえば同じ加茂川を見て、ひとは美しい清流だと考えるが、餓鬼どもはそれを血や膿や屎尿の流れと考える、という意味の話である。ヴァスバンドゥは、ひとは夢のなかの認識は虚妄で、めざめたときの認識は確実だ、と思っているが、実は、めざめたときの認識も、夢と同じように、外界に実在する対象をもつわけではない、という。世界とはひとりひとりの人間の描くイメージであり、人の表象にほかならない。世界自体というものはどこにも実在しないのだ、という。

たとえば、犬を鏡の前に連れていってもいっこうに関心を示さない。自分の顔が映っているのになんとも反応しない。つまり犬にとっては目に見える形というものは存在ではない。臭いがなければ存在ではない。臭いが犬の世界であるから、もし犬が世界地図を書けば臭いの分布にもとづく地図ができるはずである。

私が見ている世界とひとが見ている世界とが同一だという保証はどこにもない。われわれは共通したことばや共通した慣習のおかげで同一の世界に住み、同一の対象を見ていると思いこんでいるけれども、Aの人の世界とBの人の世界はまったく違っているはずである。アールヤ・デーヴァ（提婆。三世紀）がいったように、ある女は夫が見れば愛らしいものだが、姑《しゅうとめ》が見れば厭わしく、召使いには何の関心もないただの女である。そのように、もっとも本質的なところでは、人々はそれぞれ違った世界を見ている。世界には固定した実体などは存在しない。そういうことをさして、仏教は、「あらゆるものは空である」という。「色即是空」ということばは現代の日本でもだれでも知っていることばである。そして、それがどういう意味であるかを問うアンケートをとれば、千差万別の答えが返ってくることばであろう。「いろごとは空しいものだ」「人生とは性だ」というような答えもあろう。「人間はロボットだ」「物質の世界はフロー（流れ）だ」という科学者もいるであろう。「世界は表象である」「世界とはことばである」「世界は夢であり、心である」という哲学者もいるであろう。文学者ならば「諸行無常のひびきである」と答えるかもしれない。それらの答えはみんなまちがっている、などと私はいうつもりはまったくない。おそらく、そうしたさまざまな答えにこめられた人々の感慨はそれぞれ「色即是空」の真理の一面にぴったりとふれているにちがいない。

　そんな「空の世界」の風光を「般若経」を中心に描き出してみたい、と私は思った。ナーガールジュナの思想を中心に仏教を学んで三十年、いつの間にか私は「空」の専門家にされてしまったようで、いまでは、私が空であり、空が私であるような心境になっている。いままで空思想について論文や感想を書く機会が多かったが、多くのばあいナーガールジュナ以後の、哲学的に発展した空思想をとり扱ってきた。いきおい、認識論や論理学をてがかりにして空を解説することがほとんどであった。それはそれでだいじなことではあるにしても、空思想のもっている主体的なはたらきや生命力を伝えるためには、論理的な分析や組織的な説明が適切な方法であるとはいえず、私は論文を書き終わってから隔靴掻痒の感をおぼえるのがつねだった。「般若経」を中心に空思想を書いてみようと思いたったのもそのためである。

　経典のなかにはドラマがある。ブッダとその弟子たちとの対話は、その生活と境涯を生き生きと映し出す。マイトレーヤ（弥勒）、マンジュシリー（文殊）、ヴィマラキールティ（維摩詰《きつ》）、スブーティ（須《しゅ》菩提）などの菩薩や仏弟子の行動のなかに、空の思想は、抽象的な議論としてでなく、具体的な姿をとって生きてはたらいている。そのような空の世界を描き出してみたいと思った。

しかし、経典の解釈にはそれなりのむずかしさがある。論書と呼ばれる哲学のテキストは、難解には違いないが、その合理的・組織的な叙述がわれわれ読者の理解の助けになる。それに反して、経典は文章そのものがやさしいかわりに、茫洋としていてどこに中核となる思想があるのか、わかりにくいものである。一般に経典というものは、大勢の著者や編集者が次々と書き足し、付け加えていって制作されるものであるから、何の統一もなしに章が並べられ、同じ主題に関する記述が各所に分散し、繰り返しも多い。だから不用意にそれを読むと、断片的な印象を与えられるにはしても、その経典が全体として何をいいたいのかを理解することはかなり困難である。「般若経」の仏教思想史における位置を明らかにし、後代の哲学者の解釈をも参考にしたうえでその思想を再整理して、「般若経」を読もうとする読者に一つの手びきを提供してみたい、と思った。その考えが本書を書く動機になっている。なによりも、「般若経」にあらわれる素朴ではあっても力強い、空の世界の風光を描こうと思ったので、ナーガールジュナ以降の哲学者たちが発展させた空の論理や「般若経」にあらわれる思想の後代における教理的な展開に深入りすることはさけた。それらのくわしい紹介は別の機会を待たねばならない。反面、「般若経」の構成要素となっている諸思想はもらさずに紹介したつもりである。多くの分節（見出し）を合理的に排列したので、それをたどれば「般若経」の諸思想をかなり体系的に理解していただけると思う。

ディグナーガ（陳那。五〜六世紀）やハリバドラ（九世紀）が述べているように、『八千《はっせん》頌《じゅ》般若経』は『十万頌』『二万五千頌』などの大部の「般若経」の内容を欠落させることなく、より簡潔な形ですべてを備えている。また、『金剛般若経』『般若心経』などの単行の「般若経」の説く思想で『八千頌』に含まれていないものは何一つないといってよい。したがって、「般若経」の思想を書くということは『八千頌』の思想を書くことにほかならない。私が本書の執筆にあたって終始『八千頌』によりどころを求めたのはそのためである。『八千頌般若経』は大乗仏教思想の重要なものすべてを、少なくともその原形において、含んでいるといってよい。『維摩経』は『八千頌』の中心思想をドラマとして展開したものであるし、『法華経』や『華厳経』も、それぞれ特色のある構成をもってはいるが、思想史的にいえば、『八千頌』にあらわれる諸思想のいくつかに力点を置き、より発展させたものであるといえる。私の視点からすれば、「般若経」とはまったく異質的なものと思える「浄土経典」でさえ、「般若経」の菩薩思想のうえに初めて展開しえたものである。そういう意味で、本書が大乗経典一般のための、一つの入門書となりうることを願っている。

なお、歴史的人物としてのゴータマ・ブッダに言及するときは「シャーキヤ・ムニ」または「ブッダ」という呼びかたで統一した。大乗経典の説き手としてあらわれるゴータマ・ブッダも「ブッダ」と書き、ゴータマ・ブッダ以外の諸仏については「仏陀」に統一した。同じように、シャーキヤ・ムニの前身としてジャータカ（本生話《ほんじょうわ》）にあらわれるボーディサットヴァは「ボサツ」と書き、大乗仏教の修行者は「菩薩」で表記した。同じことばが異なった意味で使われることからくる混同を少しでもさけたいと思ったからである。

本書執筆にあたって啓発されることの多かった参考書は巻末にかかげたが、とくに干潟龍祥《ひかたりゅうしょう》、岩本裕、渡辺照宏、塚本啓祥、平川彰、静谷正雄、桜部建の諸氏の著書はつねに座右に備え、その研究の成果を利用させていただき、また私の思考の刺戟とさせていただいた。厚く謝意を表したいと思う。

ここ十年に近いあいだ、私は恩師である京都大学名誉教授長尾雅人博士の指導のもとに、『世界の名著2』『大乗仏典』『中公文庫D17』など、中央公論社による仏典和訳事業に参加してきた。いまこの小著を発表するにいたったのも、その機縁はこの事業にある。その間、私はすべてにわたって長尾教授に教えられ、導かれてきた。この機会に同教授に対する私の感謝を記させていただきたい。同じ事業に参加された先学、学友諸氏の和訳は本書執筆にさいして大きな支援となった。とくに丹治昭義、荒牧典俊両氏に私は多くのものを負うている。

同じ事業の継続されているあいだ、中央公論社書籍編集局の諸氏の示された配慮と友情は私にとって忘れがたいものである。担当諸氏に深謝したい。

一九七六年一月十日

著　者

目次

般若経

空の世界

序章　説話と思想

うるわしい慈悲・慈愛という眼を見ひらいて、すぐれた般若の知恵の牙をむき、「あらゆるものは個我なく自体がない」と獅子吼して、煩悩の敵を噛みくだいていく。

（『十地経』、「大乗仏典」8による）

玄沙出家

説話は成長し、思想を育てる。なんでもないおとぎ話が、やがてのっぴきならぬ苦悩の人生を描きだすようになる。逃れることのできない矛盾の現実を示すその場面に一つの裂けめができて、そこから新思想が生まれてくる。

「般若経」について書くように依頼されたとき、なぜということもなく、かつて作家の杉本苑子氏が唐末の禅僧、玄沙師備《げんしゃしび》の出家の物語を書いておられた文章を思いだした。その文章をさがしだしてみると、こうある。

「玄沙は宋の国、福州の人。俗姓は謝。職業は漁師だった。ある日、南台江に舟をうかべて父といっしょに魚を釣っているとき、足をふみすべらせて父が水中に落ちた。

無二の親思い……しかも親一人子一人のくらしなのだ。玄沙はおどろいて竿を差し出し、父はそれにつかまった。

瞬間、ながいあいだ思いなやみながら遂げずにいた行為への、決行の決意が、玄沙の全身を電光さながらつらぬいた。

竿を、彼は手から放した。

『あ、なにをするッ、せがれ、せがれッ』

恐怖と疑いに、せいいっぱい見ひらかれた老父の眼、もがいて水を打つ手足……。玄沙はそれらを見すてて懸命に舟をこぎもどし、そのまま雪峰山に走りのぼって、出家落髪をとげたのである」

杉本氏は続けてこの話へのコメントを記している。

「ああ、人間とは、これほどまでにしなければ一大事に向って、自己を駆り立てることができない弱いものなのか。言語に絶するこのような無慙を、焼きゴテの強烈さで記憶の底に印しなければ、不退転の金剛心を持続しぬく自信を、保ちえないほど……それほど、悲

しいものなのか」（角川書店刊「仏教の思想」7　月報　一九六九年三月）

氏はなお数行の感懐を述べたのちに「すさまじい話である」という一句をもってこの文章を結んでいる。

伝記や説話には異伝が多い。私は禅の研究で有名な柳田聖山氏に電話して教えを乞うことにした。二人の住居に近い紫野の船岡山を散歩しながら、私は柳田氏から、洞山《とうざん》や黄檗希運《おうばくきうん》が出家してその母を死なせたという、宋代になってできた記録の話を聞いた。玄沙については、「近頃その話を雑誌に書きましたから」といって、氏は私に『禅文化』七七号を手渡してくれた。

柳田版は、宋の大慧《だいえ》禅師の説法（普説）の一段にあるもので、次のようになっている。

「玄沙ははじめ漁人で、謝三郎とよばれた。毎日、父について魚を捕ることが仕事であった。かれは、心中それを好まなかったが、父のためにやむを得ぬと思っていた。ある日のこと、俄かに父は脚をすべらせて水底におちた。かれはあわてふためいて、助けあげることができない。そこで発心した。『わたしは必ず出家して無上道を学び、父を救わねばならぬ』

それより髪をそって雪峰に参じ、心の根本を悟って、大寺の住持となり、法を説き人を導くこと、まさしく当初のねがいのごとくであった。

後年、ある男が死んで冥界にゆくと、大きい獄舎がある。うえに高札があって、『玄沙の獄』とある。そこで看守にたずねた。『どうしてこの獄舎を玄沙の獄というのです』

『南閻浮提《なんえんぶだい》の福州に謝三郎という男がいる。父が溺れたのを助けることもできないで、不孝の罪を犯したために、わざわざ獄舎をつくって、おちてくるのを待ちうけているのだ』

『その人は罰をうけにきて、いつ釈放されるのです』

『一仏が世に出られると、さらに他の獄舎に移されて、きりはあるまい』

『きくところによりますと、玄沙はすでに没して久しいといいます。どうしてまだ来ないのです』

『判らぬ、この男は生前、およそどんな仕事をしていたのか』

『わたくしの先祖のはなしによりますと、かれは出世の法を悟って、無数の人々を導いたそうです』

看守はその一言をきくと、手をおのれの額にあてた。たちどころに一陣の風がおこって、謂うところの獄舎は、俄かにすがたを消す」

玄沙師備（八三五〜九〇八）の伝記は『祖堂集』『景徳伝灯録』『宋高僧伝』などにもあり、彼が福州の人で俗姓を謝という漁師の息子であったことは記されているが、父を溺れさせた話は載っていない。仏教が出家をすすめたことは、インドでも中国でも大きな問題となった。すでにシャーキヤ・ムニ（釈迦牟尼）の伝道の初期において、マガダの人々が「沙門ゴータマは青年を出家させて、子を奪い、夫を奪い、族姓を断絶させる」といって彼を非難したことが『マハーヴァッガ』（律蔵三）に記されている。もともと出家の習慣がなく、また孝ということが人倫の基本であった中国においては、親を見捨てて出家することは人々の毀《そし》りを招いただけでなく、出家する当人にとっても身をさかれる苦悩であったにちがいない。また儒家はこの親不孝を仏教攻撃のかっこうの的としたことも事実である。こうした出家と破倫の矛盾と出家者の呻吟とが傑僧たちの出家をめぐって多くの説話を生みだした。玄沙出家の物語もおそらくは後代になって作られたものであろう。

シャーキヤ・ムニはマガダの人々の非難を聞いたときに、そのような声は七日のあいだだけ続くが、七日を過ぎれば消滅する、と予言したうえで、その非難に対しては、如来は正法をもって人を誘うのであるから、法をもって誘う知者をどうして嫉むか、と反論するように比丘たちに教えた。中国や日本では「一子出家すれば九族天に生ず」という有名な成句が出家と親不孝の矛盾を解消するために使われるのがつねである。しかしこれはなくもがなのことである。そのような成句一つで出家する禅者のうめきが消えるわけのものではない。むしろ、地獄の看守が玄沙の生き方を知ったとき、一陣の風とともに獄舎が消え失せた、とするほうがはるかに真に迫っている。

玄沙が水中に落ちた父親を、一度は助け上げようとしながら、この機会をのがせば自分の出家は遂げられないと、竿を放して父を殺すという話が、数多い玄沙の伝記のどこかにあるのか、あるいは杉本氏の脚色であるのか、私は知らない。調べてみたいとも思わない。大慧の普説に出てくる話では、あわてふためいて助け上げることができなかった、となっているだけである。しかし、明らかに、軍配は杉本氏にあがる。この物語は杉本版にまで成長しなければ決着はつかないはずのものである。

『ヴィシュヴァーンタラ・ジャータカ』

『ヴィシュヴァーンタラ・ジャータカ』(パーリ語『ヴェッサンタラ・ジャータカ』)は数ある本生話《ほんじょうわ》のなかでも、もっともよく流布した説話の一つである。サーンチー、バールフット、アマラーヴァティーなどのストゥーパ(舎利塔)、アジャンター石窟、ガンダーラ、クチャ、燉煌《とんこう》などの仏教遺蹟の浮彫りや壁画の題材となっていることからもわかるように、古くから仏教徒のあいだで人気のあった物語である。パーリ語ジャータカの五四七号にある長文の本生話で、サンスクリット語では二世紀のアールヤ・シューラの作『ジャータカ・マーラー』に含まれ、十一世紀の詩人クシェーメンドラは、その著『アヴァダーナ・カルパラターー』のなかに載せている。漢訳は『六度集経《ろくどじゅう》』『太子須大拏経《すだぬ》』などに含まれるものをはじめ数種類ある。各本それぞれ異同はあるけれども、大筋はだいたい一致している。主人公ヴィシュヴァーンタラ（ヴェッサンタラ）太子は漢訳では多く須大拏（スダーナ。善く布施する者）太子という異名で、彼がのちに修行することになるヴァンカ山は檀特山《だんとくせん》としてあらわれる。

ヴィシュヴァーンタラはシビ国の太子で資性すぐれ、あらゆる学芸技術にほまれ高かったが、布施をその使命としていた。ある日、隣国の王が策謀をもって派遣したバラモンたちに請われるままに、シビ国の国宝であり、王を載せて戦陣におもむけばかならず敵を粉砕する大白象を彼らに布施してしまう。象が城門を出て敵国に行くのを見送ったシビの人民は驚き、怒り、王に告げる。「王よ、あなたの国は亡びるでしょう。あなたの王子ヴィシュヴァーンタラは人民の崇める象を他国に与えてしまったからです。太子をこの国より追放してください」。父王は人民の声を無視できずに、太子の放逐を決意する。太子は出発にさいし、妃のマドリー（マッディー）に国にとどまって二人の子供を育て、両親によく仕えるようにといさめるけれども、妃は子らとともに夫について行くことを願ってやまない。けっきょく、太子は妻と息子と娘をともなって、遠いヒマラヤ山系のヴァンカの山で出家修行すべく、国を出てゆく。

太子一行は四頭だての馬車に乗って出発したのだが、後を追ってきたバラモンたちが馬を乞うと馬を与えてしまい、車を乞うと車を施してしまう。かくて太子は男の子の手をとり、妃は女の子の手をひいて歩いて進んでゆく。いくたの艱難ののち、ようやくヴァンカの山に着き、そこで四人は苦行者の姿となり、太子と妻子は別々の庵に起居して修行にはげむ。

あるところに一人の年老いたバラモンが若く美しい妻と住んでいた。若い妻は近隣の女たちに唆かされて、老年の夫のために水汲みをして仕えるのにいや気がさし、召使を連れてこないかぎり家を出てゆくといいだす。老バラモンは妻に教えられて、ヴァンカ山にヴィシュヴァーンタラ太子を訪ね、事情を打ちあけて太子の二人の子供を乞う。太子は妃が悲しんで妨げないように、彼女が果実を集めにいったその留守のあいだに子供を施与してしまう。何度か逃げ帰ってくる子供らを、太子は号泣しながらも老バラモンに渡し、老バラモンは荒々しく子らを引きたてて去る。

妃マドリーは中途で獅子と虎と豹に出会ったため帰りが遅れ、庵に着いたときにはすでに子らはいなかった。黙然としている夫にただし、夫を責めて、妃は失神してしまう。太子は妃を介抱してよみがえらせ、布施の徳をたたえて妃を説得する。

帝釈天は実は太子の行動を終始見守っていて、ひそかに太子の布施の堅固さを試していたのだが、ここにいたってみずからバラモンの姿をして太子に近づき、妃のマドリーをもらいたいという。太子は喜んで布施するといい、妃ももはや悲しみもせずに夫の意に従う。そのとき帝釈天はその本来の姿をあらわして二人の前に立ち、二人の布施行をたたえて、八つの望みをかなえてやろうという。太子は父王に許されて国土を治め、妻のみを愛して暮し、布施に励んでも自分の財が尽きることなく、死しては天界におもむいて、そこよりふたたび迷いの世界に生まれることのないように、などの八つの望みを申しあげ、帝釈天はそれをかなえてやる。一方老バラモンに連れ去られた二人の子も祖父のシビ王に無事助けられ、シビ王は盛大な隊列を組んでヴィシュヴァーンタラ太子をヴァンカ山に迎えにくるのであった。

ブッダはこのヴィシュヴァーンタラの法話をなさったのちに、そのときのシビ国王はシュッドーダナ（浄飯王《じょうぼんのう》）であり、妃マドリーは一子ラーフラの母であり、ヴィシュヴァーンタラ太子はすなわち自分であった、と説明された。

布施太子の入山

周知のように倉田百三《ひゃくぞう》は一九二〇年に『布施太子の入山』という戯曲を書いている。おそらく康僧会《こうそうえ》（三世紀）訳『六度集経《じゅう》』（『大正大蔵経』第三巻所収）のなかの「須大拏《すだぬ》太子本生」と、西秦の聖堅の訳出になる『太子須大拏経』（同）などがおもなよりどころになっていたと思われる。もとより現代的な手法によるこの戯曲は、形式においても刺戟の強い内容においても、美しい韻文と散文のおりなす優雅な古代の物語である『ヴィシュヴァーンタラ・ジャータカ』と大いに趣きを異にしているけれども、物語の本筋においては両者はほぼ並行している。ただきわだった違いは最後の場面で起こる。

倉田版の第三幕は須大拏太子に物乞いするバラモンのなかでもっとも醜悪なる者、婆羅門丁が妃マドリーを得ようとして近づいてくるとき、太子夫妻は幽邃《ゆうすい》な森林に囲まれた聖なる檀特山（ヴァンカ山）と川一つへだてた荒涼たる岩山のなかにいる。婆羅門丁は太子に会うと、「他のすべてのものを施しても、最愛のものを施さないならば、一物をも施さないのに去ること遠くはないわい」といい、布施の誓願を完遂するため妃を自分に施せと迫る。恐れる妃、怒りに燃えて剣を抜く太子。しかし太子は剣を投げ棄てて、苦悶と祈禱の数瞬間のち立ち上がって両手を天に延ばし、「誓言は神聖であるぞ。妃を汝に与えるぞ」という。妃は夫に強いられ、悲しみに絶叫しながらも、夫の大願を成就させるために鬼のような婆羅門に従うことを肯《がえ》んじる。妃の去ったあと、太子が岩の上にくずれて慟哭しているとき、一人の騎馬兵が息せき登場し、一大事を告げる。敵国の軍隊が、さきに太子が布施してしまった霊象を先頭にしてシビ国に侵入し、シビ国軍は潰走、祖国は阿鼻の巷である。最期の迫った国王夫妻と人民は太子の帰国にただ一縷の望みをつないでいる、といって帰国を嘆願する。太子は「俺は不滅の国を求めてゆくのだ……俺はあの山に行く！　あの山こそ俺が拠って以って魔軍を防ぐ法城だ！」と叫ぶ。騎馬兵は無限の怨嗟《えんさ》を含めて「おゝ鬼神よ聞け。而して左右に命じて記録せしめよ。葉波（シビ）国の太子須大拏は祖国を滅ぼし、父母を殺し、人民を売ったのだぞ。俺は最後まで闘おう。祖先の墳墓を枕にして死のう」といって馬を鞭打ち、豪雨をついて退場する。太子は大雨に打たれながら立っているが、やがて枯木のごとく卒倒する。雨がにわかにやみ青空があらわれ、帝釈天があらわれて「善哉、善哉、太子。須大拏」と賛じ、侍童たちが「一人出家則九族生於天」と歌う。太子はよみがえり、「今のは幻であったか。あゝ、聖なる、聖なる御姿よ。嵐は去った。おゝ俺は試みに勝ったぞ。勝ったぞ。……祖国よ。父母よ。妃よ。子よ。人民よ。須大拏は汝等を此の世界の誰よりも一番深く愛したのだぞ。……俺は汝等を悉く救い取らずには置かないぞ……そうだ。一刻も早く檀特山へ」といって、そのとき迎えにあらわれる鳥や獣に導かれて聖山へおもむく。

『ヴィシュヴァーンタラ・ジャータカ』という悲しいながらものどかな物語のハッピー・エンドは、倉田版の布施太子においては無残に破られてしまう。太子は第三幕で聖なる目的と世俗の愛情とのどうにもならない矛盾のなかで、のたうちまわりながら失神してしまう。帝釈天の侍童たちの歌う「一人出家すれば九族天に生ず」という成句はそらぞらしい響きしかもっていない。一人出家すれば九族天に生ずるかもしれない。しかしこの物語が描いてきたことは、一人の出家のために九族が滅びる現実であった。布施という犠牲的精神を完全に実現しようとすれば、おのれ自身のみならず、もっとも親しきものたちを犠牲にしなければならず、祖国や父母や妻子や人民をもっとも深く愛することは、そのすべてを見捨てることであった。

　聖なる世界、宗教の示す徳目はつねに世俗の世界における絶対的な矛盾による呻吟《うめき》を要求する。ひとへの慈悲のために施与をつらぬくことはひとからすべてを奪うことであり、ひとへの愛を未通らせることはひとを殺すことである。布施太子も、そして玄沙師備も現実のその局面に立っていた。祖国が敵軍の侵入によって阿鼻の巷だ、と聞いた布施太子は、三界は火宅だと叫ぶ。それは遠い祖国ではなくて、おのれ自身が燃えさかる火のなかでのたうっていることである。布施太子は失神する。

　父親と毎日殺生に通う玄沙師備の心のいたみはしだいに堪えがたいものになってくる。魚を釣るという、なんでもないことが、仏教に志し、出家を思う玄沙にとっては生死の一大事である。釣られた一匹の小魚が苦しげに尾ひれで水面をたたくとき、それは父親が苦悶する姿であり、おのれが溺れる苦しみであった。玄沙はおのれの呼吸がつまり、おのれの身体が水にのめりこんでゆくのを感じた。玄沙はいちもくさんに逃げだす。おのれと世界を襲ってくる怒濤から逃げだしてゆく。しかし、どこまで逃げても逃げおおせるわけではない。玄沙も溺れ死ぬ。

　解きほごせる問題ならばなんとでもしよう。世界が燃え、世界が溺れているときにひとは失神するよりほかに何ができよう。それはもがいても、もがいても、魔の口につかまえられた足がほどけない悪夢に似ている。どうにもならない。突如としてひとは夢から覚める。覚めて、いまのは夢であったか、幻であったか、とつぶやく。矛盾が解けたというわけではない。目覚めたとき消えただけである。

常悲菩薩本生

さきにも名を出した『六度集経』には「常悲菩薩本生」と呼ばれるジャータカがある。六度というのは六波羅蜜と同じで、菩薩の修行すべき六種の完全な徳のことである。『六度集経』はシャーキヤ・ムニが過去世にボサツとして六波羅蜜を修行した本生話九十一篇を集めたもので、「常悲菩薩本生」は菩薩の禅定波羅蜜修行物語の一つである。

常悲菩薩は無仏の世に生まれ、経典も聖者も存在しない社会が正に背き悪に向かっていて汚濁しているのを見て、つねに悲しみ泣き叫んで暮らしていた。あるとき、夢のなかで影法無穢如来王という過去仏が法を説かれるのを見て、妻子を棄てて出家し、深山に入って修行することになった。しかもなお、仏陀に遇わず、経文を聞くこともできない自分の不運を悲しんで泣きつづけた。そのとき空中に天人の声がして、「泣いてはいけない。般若波羅蜜という大法があり、過去・現在・未来の諸仏はみなこの法によって仏陀となったのだ。お前もこれを求めて修行すれば、仏陀となることができるのだ」という。常悲菩薩は上空を仰いで「誰についてその法を聞いたらよいのでしょう。どういう方法で、どこの国土に行けばよいのでしょう。その先生は何というお名前なのですか」とたずねる。天人は答える。「お前はここから東の方に行きなさい。身心や苦楽や善悪や、この世のこと後の世のことなど一切を気にかけず、すべての他の願望を空しくして、ただ般若波羅蜜を求めるために精進しなさい」と。そういって天人はたちまち消えてしまった。常悲菩薩は、いったいどこで師に会い、般若波羅蜜を聞くことができるのだろうか、と思い、号泣しながら東に歩いて行く。その誠心に感じて紫金の色をし満月のような顔をした仏陀がたちまちあらわれて、「善哉、善哉」と菩薩をたたえ、その願いに応えて「東に二万里行くと揵《けん》陀越《だおつ》（ガンダヴァティー）という国があり、すぐれた菩薩たちだけが住んでいる。法来《ほうらい》（ダルモードガタ）という菩薩が、あまたの星のなかの月のように、諸菩薩の上首となっていて、般若波羅蜜の経を説いている。その人がお前の師となってお前に仏となる道を教えよう。早く行け」という。常悲菩薩はそのことばを聞いているうちに無上の喜びにあふれ、禅定の恍惚境に入ってしまう。すべての思念が絶えて、諸仏が自分のために般若波羅蜜を説いてくれるのを聞いた。諸仏が自分の精進を讃嘆して、お前はかならず仏陀となって一切衆生を救うであろう、と予言されるのを聞いた。常悲菩薩は禅定より覚めて左右を見まわしても仏陀はいなかった。常悲菩薩は「諸仏の霊妙な輝きはどこからきたのか。いまどうして去ってしまったのか」と涙を流していった。菩薩が禅定波羅蜜に一心に入っているありさまはこのようなものである。

内容からもわかるように、これはかなり大乗的要素、しかも「般若経」思想の入った本生話である。一心に禅定に入る菩薩の瞑想の状態を描いている。『六度集経』は二四〇〜二八〇年のあいだに中国で訳経に従事した康僧会の訳出になるものである。この常悲菩薩の物語は、『八千頌《じゅ》般若経』の現存最古の形を伝え、支婁迦讖《しるかせん》が一七九年に訳出した『道行《どうぎょう》般若経』にも、「薩陀波倫《さだはりん》菩薩品」「曇無竭《どんむかつ》菩薩品」の二章となって収められている。薩陀波倫はサダープラルディタの音写で、意訳すれば常悲、常啼《じょうたい》などであり、曇無竭はダルモードガタで法上とも訳されるが、『六度集経』の法来に相当する。漢訳の年代は『道行般若経』が『六度集経』より百年近くも早いが、常悲菩薩の物語は『六度集経』のものが古形を示し、『道行般若経』のものははるかに増広され、また、ただ禅定修行の例話としてではなく、般若波羅蜜を追求する菩薩の求道物語として一般化され、さらに、シャーキヤ・ムニの前世物語という本生話としての体裁を失ってしまって、ブッダのスブーティ（須菩提）に対する教説となっている。現存サンスクリット本『八千頌般若経』にももちろんこの物語は受けつがれ、第三十、第三十一の二章を占めて、長大な、しかも内容、形式ともに整備された感動的な物語となっている。サンスクリット本『八千頌般若経』にあるこの物語の概要は次のようである。

サダープラルディタ（常悲）とダルモードガタ（法来）

サダープラルディタ（常悲、常啼）菩薩大士が身命を顧みず、利得にも栄誉や名声にもとらわれずに知恵の完成（般若波羅蜜）をたずね求めていたとき、彼は空中の声を聞いた。

「良家の子よ、お前は東のほうへ行きなさい。そこでお前は知恵の完成を聞くであろう。だが身体の疲れに気をとられず、倦怠や眠けに気をとられず、食物に気をとられず、飲み物に気をとられず、夜、昼に気をとられず、寒さに気をとられず、暑さに気をとられないようにして、行きなさい。内にも外にも、左側、右側、東、南、西、北、上、下のいずれにも目を奪われてはならない。自我が実在し、身体が実在するという考えに動かされず、身心のいずれの要素にも心を動かされずに、行きなさい。というのは、これらのものに動かされるものはそれてしまうのだ。何からそれるのかといえば、仏陀の教えからそれるのである。仏陀の教えからそれているものは、生死の世界をさすらい、生死の世界をさすらうものは、知恵の完成への道を追求せず、それを獲得することはない。お前は悪友を避け、善友に近づけ。知恵の完成を教えてくれる善友を教師と考え、その恩義に感謝しなさい。また、良家の子よ、同時にお前は、ものの真実の理法を観察すべきである。それは何か。あらゆるものが汚されず、浄められないことである。それはなぜか。というのは、あらゆるものは本性として空だからである。実に、あらゆるものは自我なきもの、幻のごとき、夢のごとき、こだまのごとき、映像のごときものである。あらゆるものの真実の理法をこのように観察して、説法者に帰依するならば、お前はほどなくして知恵の完成に向かって出ていくであろう」

サダープラルディタ菩薩大士は東の方向に向かって出発する。出発してすぐ「どこまで行ったらよいのか、私はあの声にたずねしなかった」と思いついた。彼はその場所に立ちつくし、涕泣し、叫び、悲しみ嘆いた。知恵の完成を聞かないうちは、その同じ場所に七昼夜でも立ちつくして過ごそうと決心する。たとえば独り息子を失った男が苦しみと憂いにつつまれ、子への哀惜のために、他のいかなる思いも起こらず、ただ独り子についての思いのみが起こるように、ちょうどそのようにサダープラルディタには「いったい、いつ私はその知恵の完成を聞くのだろうか」ということ以外、他のいかなる関心も起こらなかった。

そのとき、如来の姿が立ちあらわれて、サダープラルディタの求道心を称讃し、「ここから東へ五百ヨージャナ（由旬）へだたったところにガンダヴァティーという美しい都市がある。そこにおられるダルモードガタ菩薩大士こそがお前の師であり、善知識である。その人からお前は知恵の完成の教えを聞くのだ」と告げる。如来は、七宝からなる城壁に囲まれ、整然と区画され、都市全体は風に吹かれて妙なる音楽を奏でる黄金の鈴の網に覆われ、種々の蓮華の花咲く濠や美しい水鳥たちの群れる池のある遊園をもち、極楽にもまがうガンダヴァティーを細かく描写する。またその都市の中央にある豪壮な邸宅のなかでおびただしい数の従者や婦人にかしずかれて、ダルモードガタ菩薩大士が五欲の対象を満喫し、楽しんでいながら、日に三回、知恵の完成を講義するありさまを語る。

サダープラルディタはその話を聞いて感動狂喜する。たとえば、毒矢に射ぬかれた男は「私はいったい、いつ、私のこの矢を抜きとり、この苦しみから私を解放してくれる練達な外科医に会えるだろう」ということ以外、他のことに注意を向けないように、ちょうどそのように、サダープラルディタは「私は知恵の完成を聞かせてくれる方にいつ会えるだろうか」ということ以外、他のいかなることにも心をとめなかった。そのとき、彼はその同じ場所にいるままに、ダルモードガタ菩薩大士が教えを説くのを夢のように聞いた。聞きながら彼は瞑想の世界に引き入れられ、多くの種類の三昧を経験する。彼はその瞑想のなかで、十方の世界の無量、無数の仏陀たちがその聴衆に知恵の完成を説き明かしているのを見、また、その仏陀たちが自分を励まして、こういうのを聞く。「良家の子よ、われわれもかつて菩薩の修行をしていたとき知恵の完成の教えをたずね求め、いまお前が入ったような瞑想に入り、やがて無上にして完全なさとりを得た仏陀の知恵を得たのだ。お前もダルモードガタを師とし、その恩義を肝に銘じ、あらゆる供物をもって奉仕して教えを聞くならば、お前は彼の助けによってすぐれた瞑想を獲得し、知恵の完成をさとるであろう」と。その仏陀たちが消え去ったとき、サダープラルディタは瞑想から目覚め、「これらの如来たちはどこからこられてどこへ去られたのか」といぶかり、はやくダルモードガタ菩薩大士にお目にかかってその疑問をたずねよう、と考える。

貧しくて、何一つめぼしいものをもっていないサダープラルディタは、いったい何を供養の品としてダルモードガタを訪ねたらよいだろうか、と思い悩む。旅を続けてある都会に着いたとき、「自分は愛欲のために幾千という身体を滅して輪廻の世界をへめぐってきたが、いまだかつてダルモードガタのような偉大な人、彼の説くようなすぐれた教えのために身体を捨てたことはない。そうだ、この自分の身体を売って、その代金でダルモードガタ菩薩大士に敬意をあらわそう」と考える。彼は市場へ出かけていって、くりかえし大声で叫んだ。

「どなたか人間をほしい方はいませんか。どなたか人間を買いたいと思いませんか」

それを見ていた邪悪な魔は、サダープラルディタが、ダルモードガタから知恵の完成を聞いて無上にして完全なさとりをさとってしまえば、多くの有情（意識ある生きもの）たちの利益をはかって、自分の魔の国土から有情たちを去らせてしまうだろう、と考えて、サダープラルディタの声を誰も聞かないように、人々を隠蔽してしまった。買い主の見出せないサダープラルディタが涙を流して嘆いているとき、神々の主シャクラ（帝釈天）はサダープラルディタの宗教的志願を試してやろうと思って、若者のなりをして彼に近づき、「私は人間は要りませんが、祖先の犠牲祭を行なうために人間の心臓、血液、骨、髄を必要とするから、それを売ってください」という。サダープラルディタは喜んで、鋭利な刃物を手にとり、右腕に突きさして血をほとばしらせ、右の太ももの肉をそいだのち、骨を断ちきろうと壁の土台に近づいた。

たまたま、ある豪商の娘が高層づくりの邸宅の屋上にいてそのありさまを見ていて、「いったい、どういうわけであの人は自分にあのような責苦を加えるのでしょう」といぶかり、降りてサダープラルディタに近づいてその理由をたずねる。サダープラルディタが、血肉を売った代金で自分はダルモードガタ菩薩大士に供養し、知恵の完成を聞いて学び、無上にして完全なさとりをさとった仏陀となって、あらゆる有情の帰依所となりたいのだ、と説明する。娘は感激して「供養に必要な品物はなんでも私がさしあげますから、そのような責苦をご自分に加えるのはやめてください、私もあなたといっしょに聖者ダルモードガタのもとにまいりましょう」という。神々の主シャクラも若者のなりを消して本来の姿に戻り、自分はただあなたをためそうと思っただけだ、と説明し、サダープラルディタをほめる。「良家の子よ、どんな贈り物を私はあなたにさしあげましょうか。選んでください」とシャクラがいうと、サダープラルディタは「シャクラよ、私に仏陀の無上の教えをください」という。シャクラは、それは自分にはできないから、ほかのものにしてくれ、という。サダープラルディタは、「私の身体についてはご心配にはおよびません。仏陀たちは、私が無上にして完全なさとりへの道からもはや退転しない、と予言してくださいましたし、私の宗教的志願に偽りのないこともご存じです。その真実にかけて、その厳正な宣言によって、私のこの身体がもとどおりになりますように」という。こういった瞬間、仏陀の威神力とサダープラルディタの宗教的志願の清浄さによって、彼の身体はもとどおりになった。シャクラと邪悪な魔はきまりが悪くなって、二人とも、そこで消え失せる。

豪商の娘は彼女が見てきたことをつぶさに両親に話し、黄金や宝物、香料、僧衣、傘蓋《さんがい》などと五百人の侍女を請う。娘の話に感動した両親も同行することになる。豪商の娘は一台の車にサダープラルディタと同乗し、両親を先頭に五百台の車に五百人の娘と供養の品物を満載して、一行は東に向かって出発した。やがてガンダヴァティーに入り、ダルモードガタ菩薩大士が高座の上でおびただしい聴衆に教えを説いているのを遠くから見ると、サダープラルディタをはじめ一行の者は車から降りて、豪華な供物をもってダルモードガタのほうへ歩いていった。ダルモードガタはそのとき七宝からなる楼閣を造営させたところであった。美しく華やかに装飾された楼閣の中央に箱が安置され、そのなかに、溶かした猫目石で黄金の板に書写された『般若波羅蜜経』が収められていた。シャクラをはじめ幾千の神々がその楼閣に天の花マンダーラ、香粉や金銀の粉を撒きちらしていた。七つの印章で封印された『般若波羅蜜経』が安置されていることを聞いて、サダープラルディタと娘たちも一部の供物をささげてていちょうに供養したのちに、いよいよダルモードガタのもとに伺候し、花や香料や金銀でできた花を撒き散らし、撒きかけ、神々しい音楽を奏でた。撒き散らされた花はダルモードガタ菩薩大士の頭上に昇って、中空で花の楼閣、天蓋となり、僧衣は中空にとどまって天幕となった。これを見てすべての人々はダルモードガタの神通力に驚嘆し、うやうやしく合掌して一方の側にたたずんだ。

サダープラルディタはダルモードガタ菩薩に、今までの経過を言上し、如来の姿があらわれて、東の都ガンダヴァティーでダルモードガタ菩薩大士を師とせよ、と教え、瞑想に沈潜した彼を十方の諸仏が励ましてくれたこと、如来たちの姿が消えたときに「これらの如来たちはどこからこられ、どこへ行かれたのか」という疑問が彼に生じたことを話す。そして「これらの如来の去来を知り、如来にまみえることから離れないものとなるために、私にそれらの如来の去来についてご教示ください」とお願いする。

ダルモードガタは説き始める。

「実に、良家の子よ、如来たちはどこからくるのでも、どこかへ行くのでもありません。というのは、真如は不動であって、真如こそ如来にほかならないからです。良家の子よ、生じないものはきたり行ったりしません。しかも生じないものこそは如来にほかならないのです……良家の子よ、空性《くうしょう》には去来は知られません。しかも、空性こそ如来にほかならないのです……」

　ダルモードガタは空を説き、幻を説き、縁起を説いた。「良家の子よ、あなたがこのように、如来たちやあらゆるものを不生、不滅である、と完全に知るならば、そのことから、あなたが無上にして完全なさとりにいたることがきまるでしょうし、たしかにあなたは知恵の完成（般若波羅蜜）と巧みな手だてを追求することになるでしょう」。如来たちの不来、不去というこの教説が話されているとき、大地は十八種の震動のしかたで震動し、魔の領域は激しくゆらいで消えていった。草、灌木、薬草、樹木はどれもこれもダルモードガタの方向に向かってひれ伏し、時ならぬ花が開き、空中からは花の雨が降りそそいだ。八千の生あるものが、ものは生じないという真理の受容（無生法忍《むしょうほうにん》）を得、無数の生あるものが無上にして完全なさとりに向かって心を発《おこ》し、六万四千の生あるものが、事物に対して塵なく、汚れなく、清浄な法眼を得た。サダープラルディタは広大な歓喜につつまれ、たしかに自分は供養されるべき完全なさとりを得た如来となるであろう、と確信する。

　サダープラルディタは空中に昇り、神々の主シャクラからマンダーラ花をうけとってダルモードガタの上に撒き降らせて供養し、合掌してダルモードガタの面前に立って「私はただいまからあなたに私自身を差し出します」と申しあげる。豪商の娘と五百人の娘たちも「この私どもも、あなたに私たち自身を差し出します」と申しあげる。ダルモードガタはサダープラルディタの善根の達成のために、彼と豪商の娘に率いられた五百人の娘と五百台の車の供物をうけとり、いったんうけとったうえですべてをサダープラルディタに返した。そして座席から立ち上がって自分の家に入った。夕陽の沈むときであった。

それから、ダルモードガタは七年のあいだひとつづきの瞑想に入ったままであった。サダープラルディタもまた、七年のあいだ立っているか、歩きまわる（経行《きんひん》）という二つの行道を保って時を過ごし、ダルモードガタの出定《しゅつじょう》を待っていた。やがて、ダルモードガタの法座を設け、その地面によく水をうち、浄め、種々の花を撒きかけておこうと思い立つ。そのとき、今日から七日ののちにダルモードガタは瞑想から出て、市の中央で教えを説くであろう、と聞く。サダープラルディタは狂喜して、娘たちとともにその場所を浄め、座席を設け、自分の上衣を座席の上に敷いた。娘たちもそれにならった。さて、水を撒こうとすると水がない。またしても邪悪な魔が、サダープラルディタの落胆と心変りを期待して、水をすべて隠したからである。

そのとき、サダープラルディタは鋭利な刃物を手にとって、自分の身体をところかまわず突きさし、自分の血をその地面にまんべんなく撒いた。娘たちもそれにならって自分たちの血をまんべんなく撒いた。それを見ていた神々の主シャクラは、神通力を加えて、その血液を神々しい栴檀《せんだん》の香水に変えた。その高貴な香りは、周囲百ヨージャナのあいだに漂った。サダープラルディタはシャクラの与えたマンダーラ花をその場所に撒いた。ダルモードガタは七年の瞑想から出て、設けられた座席にすわり、何十万という聴衆にとりまかれて、知恵の完成の教えを説き始めるのであった。サダープラルディタはそれを聞いて種々の瞑想に次々と沈潜してゆく。

哲学の発生

『六度集経』の常悲菩薩は無仏の世の汚濁した社会を見て嘆き悲しみ、夢に過去仏の説法を聞いて出家し、空中の天人の声によって、東の方角に般若波羅蜜を求めよ、という求道の方針を聞き、一心に求めるうちに幻のなかに如来の姿をありありと見て、その如来にガンダヴァティーのダルモードガタ菩薩が自分に成仏の道を教えるであろう、という予言と激励を受ける。それを聞いているうちに常悲菩薩は禅定の恍惚境に引き入れられてゆく。

この物語にある夢のなかの過去仏、空中の天人、幻に見える諸仏如来というものは、おそらく禅定と違ったものではない。シャーキヤ・ムニがすでに去ったこの世で熱心な求道者が瞑想のなかで諸仏に会い、自分が般若波羅蜜の修習によって無上にして完全なさとりを得た仏陀となるという予言を受ける、というのがこの物語のモチーフとなっている。現在に十方の諸仏がいるということ、禅定のなかでその諸仏に会うという経験、自分が般若波羅蜜のおかげで仏陀になれる、という思想はいずれも、小乗的な部派仏教には見られなかった大乗的思想である。ただこの『六度集経』の「常悲菩薩本生」は、禅定の追求に焦点をあてているので、ガンダヴァティーのダルモードガタ菩薩については、その名前をあげるのみで、くわしく語ってはいない。

『八千頌般若経』の「サダープラルディタとダルモードガタ」の物語からは、それがシャーキヤ・ムニ如来の前世の修行である、という本生話《ジャータカ》の特徴はなくなってしまって、シャーキヤ・ムニとは直接関係のない物語となっている。『六度集経』の「常悲菩薩本生」のすじ書きはほとんど完全に、しかもはるかに増広整備された形でうけつがれている。『六度集経』では描写されなかったガンダヴァティー市は、たとえばのちの阿弥陀仏（アミターユス、アミターバ）の極楽国土（スカーヴァティー）に思いを馳せさせるようなしかたで、華麗に描き出される。ダルモードガタ菩薩がガンダヴァティー市の富豪の在家で、おびただしい女性にかしずかれ、五官の対象をすべて満喫している菩薩であることは、のちの『維摩経《ゆいま》』の主人公ヴィマラキールティ（維摩詰《ゆいまきつ》）のことをわれわれに思い起こさせる。サダープラルディタが自分の血液をもってダルモードガタの法座を浄める、という話は、シャーキヤ・ムニ如来がかつて菩薩として修行中、ディーパンカラ（燃灯《ねんとう》）仏の上に五茎の花を散じ、ディーパンカラ仏の通る道が泥土で汚れていたので、自分の頭の髪をといて土の上に布いた、という大乗仏教徒によく知られた燃灯授記物語と似かよったものをもっている。

サダープラルディタが自分の身体を鋭い剣で突きさして、死んでしまうのではないかと思わせながら、シャクラ神や豪商の娘があらわれて話の危機をみごとに収拾したり、ダルモードガタの法座に血を流すということがそれを浄めることになるのか、という疑問は、すぐに、シャクラ神がその血液をふくいくたる香水に変える、ということで解かれてしまう。細かいことにもよく気をつかった、ととのった説話となっている。

そうした説話文学としての完全な技法のいずれよりも大事なことは、この「サダープラルディタとダルモードガタ」の物語は「般若経」の精髄といえる「空の思想」を、「般若経」の他のどの個所におけるよりも完璧に展開している。それを含んでいるダルモードガタの教えは、もとより、『六度集経』にはまったくあらわれていないものであった。私は上述の概要のなかでは、この空の哲学の紹介をさし控え、ダルモードガタの説法の冒頭のほんの一部にふれるにとどめた。というのは、この説法は私がこれから書こうとしている「般若経」の思想の結論ともいえるものを含み、しかもそれは、二～三世紀に活躍する中観《ちゅうがん》哲学の創始者ナーガールジュナ（龍樹。一五〇～二五〇）の思想に決定的な影響を及ぼしたものであるからである。その思想の詳述は本書第四章以下の主題であるから、いまここでは書かないが、そのように高度な哲学が説話のなかに、なんの不自然さもなく、盛りこまれたということは驚異にあたいする。

おそらく、この「サダープラルディタとダルモードガタ」の物語は、『八千頌般若経』三十二章のなかでも、もっともおくれて成立し、おくれてこの経典のなかに編入されたものであろう。といっても、一七九年訳出の『道行般若経』が、細部における異同はあるにせよ、すでにこの物語の全体を含んでいる以上、それほど時代は下らない。その原形は西紀後一世紀には成立していたはずである――「般若経」の年代についてはのちにふれる。「常悲菩薩本生」から「サダープラルディタとダルモードガタ」の説話への発展は、大乗仏教の生成の過程と空思想の発展の歴史を反映しているように私には思える。

ここでいったん話題を変え、大乗仏教の展開に目を移すことにしよう。

第一章　大乗仏教への道

シャーキヤ・ムニと大乗の菩薩

『マハーヴァッガ』(律蔵三)の記述によると、シャーキヤ・ムニはナイランジャナー河(尼連禅河《にれんぜんが》)のほとり、アシュヴァッタ(菩提樹)の樹下においてさとりをさとり、なお瞑想にはいって解脱の幸福をあじわっているあいだにこう考えた。自分が困苦してさとった法は甚深、微妙であって思慮を超えている。しかるに世間の人々は感覚の世界に執着し、貪欲や憎しみに打ち負かされていて、とても自分のさとった縁起の理と絶対の静寂とを見ることはできないであろう、と。そこで彼は何もしないでいようという気になり、教えを説きたいとは思わなかった。サハー(娑婆)世界の主ブラフマー神は、シャーキヤ・ムニが教えを説かなければ世間はついえ、亡びるであろうと思い、シャーキヤ・ムニのもとへやってきて申しあげる。世尊、どうか教法をお説きになってください。この世には心の汚れの少ない人々もおります。彼らはもし教法を聞かなければ堕落してしまうでしょうが、世尊の教法を聞けば真理をさとることもできるでしょうから、と。シャーキヤ・ムニが動かないのを見て、ブラフマー神は三度この願いをくりかえす。シャーキヤ・ムニは仏眼をもって世間を見わたす。蓮池のなかで、青い蓮、赤い蓮、白い蓮などが、あるものは水中に生じ、水中に生長し、水面に出ないで水中に沈んで繁っている。あるものは水中に生じ、水中に生長し、水面に達している。他のあるものは水中に生じ、水中に生長し、水より出でて立ち、水に汚されないでいる。そのように世間には汚れ多き有情とともに汚れ少なき有情もおり、鈍根のもの、悪行のものとともに利根のもの、善行のものもおり、教化しがたきものもいるけれども、教化しやすいものもいる。見終わってシャーキヤ・ムニはブラフマー神に向かって「耳あるものに不死の門は開かれた」といい、教法を説く決意を告げた。

シャーキヤ・ムニはカーシー国（ベナレス）のムリガダーヤ（鹿野苑）で、もと苦行をともにした五人の比丘（ビクシュ）に初めて教えを説き、ついでヤシャスとその親族朋友五十余人を教化して、六十人の阿羅漢の弟子ができた。そのとき、シャーキヤ・ムニは比丘たちを集めていった。「比丘たちよ、私は神々のものも人間のものも、すべての絆より脱した。比丘たちよ、お前たちも神々のものも人間のものも、すべての絆より脱した。比丘たちよ、遍歴せよ。多くの人々の利益のため、多くの人々の安楽のため、世間に対する哀れみのために、神々と人間の福祉、利益、安楽のために。一つの道によって二人して行くことのないようにせよ。比丘たちよ、初め善く、中間も善く、終わりも善く、意味と文句を完全にそなえた教法を説け。完全円満で清浄な修行を示しなさい。この世には汚れの少ない人々があり、教法を聞かなければ堕落してしまうが、聞けば真理をさとることができよう」と。こうしてシャーキヤ・ムニも弟子たちも、ひとりひとり四方に散って人々のために教法を説き始めた。

すでになすべきことをなし終わり、これが自分の最後の生存で、もはや輪廻して再生することもない、と自覚したブッダは、黙然としてやすらぎの世界にとどまることもできた。しかしブッダは静寂の山を降りてふたたび混乱と汚濁の世間に踏み入って行く。それは人々にさとりの喜びを分かち、闇に覆われた世間に灯をともすためであった。そして、彼は六十人の弟子たちにも、同じ利他の精神をもてといって、彼らを四方におもむかせたのである。

ブッダが、六十人の弟子を布教のために四方に送り出したときに述べた、右の力強い宣言は、のちの大乗経典にも生き続けている。たとえば『八千頌般若経』（第十章）は大乗菩薩の有情利益の決意を述べて次のようにいうが、それはブッダのさきのことばとほとんど同じである。


「彼ら菩薩大士たちは、多くの人々の福利のため、多くの人々の幸福のため、世間に対する憐愍の情のために、修行しているのである。（菩薩大士たちは）多くの、たくさんの人々の利益のため、福利のため、幸福のために、さらに神々や人間たちの憐愍者として憐愍の情のために、無上にして完全なさとりをさとりたいと思っているのである。彼らは、無上にして完全なさとりをさとったうえで、無上の教えを説きたいと思っているのである」

出家と在家

ブッダの教団はビクシュ（比丘）、ビクシュニー（比丘尼）、ウパーサカ（優婆塞）、ウパーシカー（優婆夷）の四衆から成っていた。前の二つは出家の男女であり、後の二つは在家の男女である。出家者は家庭生活と職業、つまり社会的な義務と幸福の一切を棄てて遊行生活に入り、徹底した性的禁欲を守るほかに、二百ヵ条を超える厳しい戒律に従って身を処した。一方、在家の信者は一般社会のなかにあって家業にいそしみ、家族を扶養し、社会的な義務を果たし、社会的な幸福を享受した。戒律も、殺生、盗み、淫らな行為、虚言、飲酒を慎しむという五戒を中心にしたものであった。不淫の条項は、出家にとっては絶対的な性的禁欲であるが、在家にとっては正当な配偶者以外との性行為を慎しむことにすぎなかった。出家と在家とのあいだのこうした生活の違いは、当然、それぞれの学問や瞑想という修行の程度の相違をもたらした。在家の信者が出家と同じほどに質的にも量的にも高度の修行をすることはほとんど不可能であったにちがいない。したがって仏教教団は一定の戒律によって統制され、組織された出家教団を中心に運営された。出家は在家を学問や信仰や生活態度において指導し、在家は出家を経済的に支持し、協力して教団を成長させていった。

しかし例外的ではあったにしても、在家の信者のなかに、出家に劣らぬ信念と知識をもち、そのすぐれた生活態度をブッダに称讃された人々も数多くいた。ここにはほんの一、二の例をあげよう。

ハスティグラーマのウグラ（郁伽《いくが》）居士――異伝によればヴァイシャーリー市のウグラ――はあるとき、七日間続けた酒宴の終りに妓女たちを連れて遊園にきたが、たまたまき合わせていたブッダの威厳にみちた姿を遠くから見かけると、大いに恥じ、酔いがいっぺんに醒めてしまった。その場でブッダに敬礼し、戒を受け、教えを聞いて不還《ふげん》――死後、天上にいたり、ふたたびこの世に生まれることなく解脱する聖者となった。彼は四人の若い夫人をもっていたが、彼女たちにこう告げた。「自分はもう五戒を受け、性的禁欲の誓いをも立てた。お前たちは、もしそうしたいなら、この家にとどまって善行をしなさい。あるいは、自分の親族の家にいってもよいし、もし結婚したいなら誰としたいかいいなさい」と。そしてみずから媒酌してそのうちの一人を好きな男と結婚させてやった。若い夫人を失っても少しも悔いることなく、以後純潔を守り通した。家財をもってブッダの僧団に給食しつづけ、ブッダに教団奉仕の第一人者と呼ばれるにいたった。

神々が夜間彼の家を訪れ、比丘たちそれぞれの学識や戒律や徳行をくわしく彼に話し、暗に、すぐれた比丘だけに布施をするように、と告げた。しかしウグラは、この人には多く、あの人には少なく与えよう、という差別の心をいだくことなく、平等に布施をしつづけた。
ウグラはうやうやしく比丘に仕え、つつしんでその教えを聞いた。比丘が自分のために法を説くことができないときは、ウグラが比丘のために教えを説いてやった(『増支部経典』五、八集第三居士品二二要約)。

パーリ経典ではヴァイシャーリーのウグラとハスティグラーマのウグラと二人のウグラがあらわれ、その事蹟もよく似ていて、多少の混同もあると思われる。いずれにしてもウグラはのちの大乗経典『郁伽《いくが》長者所問経』(『大宝積経《だいほうしゃく》』第十九章にもあたる)の主人公としてあらわれる。この経典は三度も漢訳され、鳩摩羅什《くまらじゅう》訳の『十住毘婆沙論《じゅうじゅうびばしゃろん》』にも長々と引用されている。そこでウグラは多数の居士を代表してシャーキヤ・ムニに「在家の菩薩はいかに家にあるべきか、出家の菩薩はいかに修行に努むべきか」と問いを発する。経の前半では菩薩が在家者としてあるべき姿が説かれ、経の後半では菩薩が出家者であるときどうあるべきかが説かれる。ウグラはその教説を聞いて、身はなお在家の暮らしにとどまりながら、しかも出家の学びを学ぶ者となる。ブッダはそれを称讃し、彼が現在の一大劫《カルパ》(賢劫《けんごう》)のあいだに有情を教化し成熟させることは、出家の菩薩が百、千劫にわたってそれをなすよりなお多いであろう、と予言する。

原始経典にあらわれるウグラは大乗仏教においても在家の菩薩の理想像として受けつがれたのである。在家の菩薩の活躍を叙述するので有名な『維摩経《ゆいま》』の主人公ヴァイシャーリーのヴィマラキールティ（維摩詰《きつ》）の原形はこのウグラ居士ではなかったかと推定する学者もあるようである。

パーリ語聖典『中部経典』一四五および『根本説一切有部毘奈耶薬事《いっさいうぶびなや》』巻二一（『大正大蔵経』第二十四巻）などにあらわれる、仏弟子プールナの話も有名である。

プールナは西インド、ボンベイ市の北方にあたるシュローナ・アパラーンタカの商人の家に生まれた。成長してから大隊商とともにシュラーヴァスティーにおもむいたが、そこでブッダの説法を聞き、すべてを捨てて出家して僧団に加わって、すぐれた比丘となった。彼は遠い自分の故郷シュローナ・アパラーンタカに帰って仏法を広めようと決心し、そのためにブッダに短い教えを請うた。ブッダは眼・耳・鼻・舌・身・意の六種の認識の対象を喜び、愛着すれば苦が起こり、反対に、それを喜ばず、愛着しなければ苦の滅がある、と説いて聞かせたあとで、お前はこの簡略な教誡を受けてどこの国へ行って住もうというのか、と問う。プールナは、西の遠国シュローナ国へいって住むつもりです、と答える。ブッダはいう。

「プールナよ、シュローナ・アパラーンタカの人々は兇暴である。もし人々がお前をののしり、辱しめたら、どうするか」

プールナは答える。

「シュローナ・アパラーンタカの人々が私をののしり、辱しめるならば、私はこう考えるでしょう。これらの人々は善い人々だ、賢い人々だ。私を手で打ちはしないから、と」

「プールナよ、その人々がもしお前を手で打ったらどうするか」

「これらの人々は善い人々だ、賢い人々だ。彼らは私を棒で打ちはしないから、と考えましょう」

「プールナよ、その人々がもしお前を棒で打ったらどうするか」

「これらの人々は善い人々だ、賢い人々だ。私に刀で切りつけないから、と考えましょう」

「プールナよ、もしその人々が刀で切りつけたらどうするか」

「これらの人々は善い人々だ、賢い人々だ。私の命を奪わないから、と考えましょう」

「プールナよ、その人々がもしお前の命を奪ったらどうするか」

「世尊の弟子のなかには身体と生命を厭って、自殺したいと思うものもある。それなのに自分は自分を殺してもらえるとはありがたい、とこう考えましょう」

「善いかな、善いかな、プールナよ。それほどの忍辱《にんにく》をもつならば、お前はシュローナ・

アパラーンタカに住むことができるであろう」

プールナはこうしてシュローナ・アパラーンタカにおもむき、そこで阿羅漢となり、五百人の弟子を教化した（『中部経典』一四五要約）。

プールナは成年から出家したのであって、在家とはいえないが、そのけだかい布教の信念はのちの大乗の菩薩の忍辱の精神の典型となったと思われる。たとえば、『八千頌般若経』（第一章）の次の文章はプールナのことを述べているようにさえ見える。

スブーティ（須菩提）長老はシャーリプトラ（舎利弗《しゃりほつ》）長老につぎのようにいった。

「シャーリプトラ長老よ、私が菩薩大士に行ないがたい修行をするように期待しているのではありません。また、（みずから）苦行だと思いながら追求するようなものは菩薩大士ではないのです。それはなぜかというと、シャーリプトラ長老よ、苦行だという思いを生じたならば、無量、無数の有情たちの利益をはかることなどできないからです。むしろ楽しいという思いを生じてこそ（それはできるの）です。すべての有情について、女や男を、母と思い、父と思い、息子と思い、娘と思ってこそ（それはできるの）です。このように、菩薩大士はそれらの思いをもって菩薩の修行を追求するのです。ですから、菩薩大士はすべての有情について、母の思い、父の思い、息子の思い、娘の思いを生じ、さらに

『ちょうど自分というものは、あらゆる方法であらゆるばあいに、すべての苦しみから解き放たれねばならないように、すべての有情も、あらゆる方法であらゆるばあいに、すべての苦しみから解き放たれねばならない』と考えて、（有情は）自分自身なのだ、という思いを生じなければなりません。また、すべての有情のことをつぎのように考えねばなりません。『私はこれらすべての有情を捨ててはならない。私はこれらすべての有情を無量の苦しみの集まりから解き放たねばならない。また、私は百回まで切りきざまれても、彼らに対して悪心をいだいてはならない』と。実に菩薩大士はこのような心を生じなければならないのです。もし（菩薩大士の）心がこのような状態にあるならば、彼は行ないがたいという思いをもって行なわず、行ないがたいという思いをもって暮らさないでしょう」

シャーキヤ・ムニの、そしてその弟子たちの精神には大乗の菩薩のそれに通ずるものが多い。なるほど大乗仏教は原始仏教に存在しない教義を数多く展開したけれども、基本的には原始仏教の精神を継承している。とくにウグラに代表されるような在家の信者の行蹟は、在家を中心にして興起してくる大乗仏教の範型であったのである。

ストゥーパ（舎利塔）とヴィハーラ（精舎）

シャーキヤ・ムニとその弟子たちは遊行の生活をしていた。雨期のあいだ（いまの六月末から九月末ごろまで）は旅行は危険でもあり、むらがって発生する生物を踏み殺さないためにも、比丘たちは簡素な精舎（ヴィハーラ）にとどまって学問や瞑想をしたり、また集団生活を利用して会議や行事を行なった。この雨期の定住を雨安居《うあんご》（ヴァールシカ）という。雨安居の期間を除いて、比丘たちは一年中、村から村へ、町から町へと遊行することになっていた。しかしシャーキヤ・ムニの死後、比較的早くこの習慣は失われてしまったらしく、頭陀（ドゥータ）といって樹下や空閑処で苦行、乞食する行に従うものを除いて、一般の比丘たちはしだいに精舎に安住するようになり、遊行をやめてしまった。精舎は信者の王侯や富豪の寄進したものもあったし、自然のあるいは人工の石窟が用いられもした。

シャーキヤ・ムニがクシナガラで死んだとき、そこに住むマルラ人たちの信者がブッダの遺体を丁重に火葬にした。マガダ国のアジャータシャトル王をはじめ、数ヵ国の王たちが舎利（遺骨）を供養したいと要求してきたので、ドローナというバラモンが調停して舎利を八つに分けた。それを祀って各地に八つのストゥーパ（舎利塔）が建てられた。二世紀ほどのち、マウルヤ王朝のアショーカ王は、これら八つのストゥーパを解体して仏舎利を細分し、これを分配してインド各地にきわめて多数のストゥーパを建立したという。

ストゥーパはもともと聖者や村の酋長などの遺骨を祀った塚であって、インドには仏教以前から民間信仰の対象として存在した。シャーキヤ・ムニはストゥーパ信仰をとくに尊重したわけではないが、民間のストゥーパに対しては相応の敬意を払って、これを卑しめることのないように弟子たちにいいつけた。シャーキヤ・ムニが死んで、その遺骨を祀ったストゥーパができてからは、しだいにすぐれた仏弟子たちの遺骨を祀るストゥーパや、シャーキヤ・ムニ以前に世に出たとされる過去仏のストゥーパも建てられるようになった。さらに時代がさがって西紀前後になれば、仏陀の遺骨のかわりに経典を祀ったチャイティヤ（塔廟）も建てられるようになり、ストゥーパとチャイティヤとはしだいに区別されなくなってゆく。

遊行生活をやめて一ヵ所に定住するようになった比丘たちは、多くの信者が参拝にくるストゥーパの近くに精舎を作って住みつき、集まってくる信者たちに説話をまじえて興味ぶかく法を説き、また彼らの供養を受けるようになった。しだいにストゥーパは仏教教団の宗教儀礼の中心として発展した。アショーカ王が数多くのストゥーパを建てて以来は、ストゥーパの規模もだんだん壮大となり、欄楯《らんじゅん》や塔門は彫刻で美しく飾られるようになる。西紀前二世紀ころにはバールフットやサーンチーのように、豪華なストゥーパが出現する。ストゥーパは一ヵ所にいくつも建てられるようになり、近傍の精舎の数もふえる。多数のストゥーパが並び、その近傍に多数の精舎と付属施設をもった広大な僧院（サンガ・アーラーマ、僧伽藍）が建設されるようになる。後五世紀以後インド仏教の中心の一つとなったナーランダー僧院などは、一方の側にストゥーパが立ち並び、その向かい側に何十という僧房と食堂、集会室などを含む高層の精舎が立ち並び、一見、現今の大学の構内を思わせる。

教団の分裂

シャーキヤ・ムニの入滅の直後、マハーカーシャパ（大迦葉《だいかしょう》）は、誤った法や律がはびこる前に、ブッダの教法と戒律を確定しておこうと思い、ラージャグリハで会議を開催する。彼を含めて五百人の阿羅漢が集まった。マハーカーシャパはまずウパーリに律を問い、ついでアーナンダに経を問う。出席した阿羅漢たちは二人の暗誦したところを確認した。この会議をラージャグリハの結集《けつじゅう》と呼んでいる。しかしこの会議ですべての比丘、比丘尼の意志が統一されたわけではない。たとえばプラーナという比丘は他の五百人の比丘と遊行していたが、結集を終えた上座たちが、会議で確認された法と律とを受持せよ、と申しこんだところが、私は世尊から直接に聞き、受けたように保つであろう、といって、上座たちの申し出を拒否している。また比丘たちとは別に、在家の信者たちは彼らなりに理解したブッダの法と律を伝えていたにちがいない。

やがて仏教教団は正式に上座部（スタヴィラ・ヴァーダ）と大衆部《だいしゅ》（マハーサーンギカ）との二つに分裂する。ふつう根本分裂と呼ばれている。異伝があまりにも多く、その年代も直接の原因も確定するのは困難であるが、根本分裂はシャーキヤ・ムニ滅後百〜二百年のあいだに、戒律の解釈の問題、阿羅漢の人格に対する疑問などを理由にして起こってきている。

ブッダが入滅して百年ののち、西方からきたヤシャスという比丘がヴァイシャーリーに滞在していたとき、ヴリジプトラカなどの土地の比丘たちが信者に金銀の貨幣の寄進を求め、納受したものを比丘たちのあいだで分配しているのを目撃し、これは律に反する行為である、と非難した。ヴリジプトラカらはこれを信者の浄心を誹謗するものとしてヤシャスに謝罪を求めるが、ヤシャスは承諾せず、かえって西方にいって応援を求めてくる。けっきょく、東方と西方の両グループの対決となり、ヴァイシャーリーに七百人の阿羅漢が集まって律の問題を討議することになった。これをヴァイシャーリーの結集と呼んでいる。討議の具体的な内容については上座部系と大衆部系の伝承が異なっているが、いずれにしてもブッダの定めた律をややゆるやかに解釈しようとする東方の進歩的な比丘たちと、それに反対する西方の保守派との対立であった。かりに上座部系の伝えるところによると、ヴリジプトラカたちは、金銀を受けること、角の器に塩を蓄えること、正午を過ぎて暫時のあいだに食事をすること、まだ醱酵していないシュロ汁（醱酵すればシュロ酒になる）を飲むことなどを含む十事の慣習を合法であると主張した。この十事は会議の結果、非合法と判定された。セイロン伝によれば、ヴリジプトラカから東方の比丘たちはその決定に承服せず、自分たちだけで別な会議を催し、ここに上座部（保守派）と大衆部（進歩派）とに分裂したという。

根本分裂についての異伝の一つが大衆部系の『舎利弗問経』に記されている。これによると、あるとき、総聞という比丘がいて多くの阿羅漢と国王とにはかって経律を分かって多くの研究所を建てた。比丘たちがそこで議論したが、ひとりの名聞を好む長老の比丘が律を論じ、新しい規定を追加して、より厳密にした。そこでラージャグリハの会議でマハーカーシャパの定めた旧律に与《くみ》する比丘たちと、より厳格に規定された新律をとる比丘たちとが対立した。国王が介入して投票させた結果、旧律をとるものは万におよび、新律を支持するものは百いくつにすぎなかった。国王はいずれも仏説ではあるにしても、意見を異にするものたちが共住すべきでないとして、別々の教団を作らせた。旧律を支持するものは数が多かったので大衆部といい、新律をとるものは少なくて上座であったので上座部と呼んだ、という。

インド仏教史家塚本啓祥氏はこのような律に関する僧団の抗争の背景にある事情を説明してこういっている。「(1)もはや実生活に適応できなくなった律の条文の厳格さを、規定の解釈によって緩和しようとする進歩的な立場に対して、あくまで条文の履行を要求する保守的な立場の対抗、あるいは、(2)比丘の生活において容認された慣習（浄法）を制約するために、新らしい規定を制定しようとする厳格主義に対して、従来の自由を主張する寛容主義の対立とみることができよう……ともかくも、根本分裂の伝説の背景として、僧伽に傾向の相違があることを指摘できる」（『初期仏教教団史の研究』一七一ページ）。

原始僧団の分裂に関して、右に述べた律の解釈にまつわる抗争よりもさらに興味ぶかいのは、「大天の五事」に関する記述である。これは『大毘婆沙論《だいびばしゃろん》』や『異部宗輪論《いぶしゅうりんろん》』などの、北インドから中国に伝えられた伝承（北伝と通称）にのみ見られるものである。

大天（マハーデーヴァ）はマトゥラーの商主の子であった。彼の父は他国へ貿易におもむいて久しく帰らなかった。大天は長じて母に恋し、これと通じた。父の帰るのをおそれて母と謀って父を殺した。しかし事が露見したので、母とともにパータリプトラに逃れた。そこで以前故国で見知っていた阿羅漢に会ってしまった。ふたたび秘密のもれるのをおそれてこの阿羅漢を殺した。ところが、のちに母が他の男のところへ通うのを知って母も殺してしまった。こうして彼は仏教でいう五つの大罪のうちの三つまでも犯してしまった。（他の二つは、僧団の分裂をはかることと仏身を傷つけることとである）彼は深く悔いるにいたって、シャーキヤ・ムニの教えに滅罪の法を求めてクックターラーマ（鶏園）寺におもむき、出家した。天性才能の豊かであった大天は、やがて深く仏法に通じ、パータリプトラの人々を教化して多くの人々に尊敬され、王の供養をも受けるようになった。彼はクックターラーマ寺で座に昇って法を説いたが、阿羅漢を批判する五事を書いた詩を詠じた。そのときの聴衆のなかには多くのすぐれた比丘たちがいたので、たちまち論争が起こった。城中の大臣、はては国王までが、抗争する二派を和解させようとしたが、成功せず、両派を別住させることにした。大天に味方した者には長老は少なかったが、その人数は多かったので、これを大衆部といった。大天に反対した側は僧数は少なかったが、長老が多かったので、これを上座部と呼んだ。この事件はさきに述べたヴァイシャーリーの結集とも、またアショーカ王治下に行なわれるパータリプトラの結集とも違ったもので、北伝にのみ存在する伝承である。

さて、大天の唱えた五事というのは次の五項である。⑴天魔に誘われたときは、阿羅漢も精液の漏失を免れない。⑵阿羅漢は煩悩は断じているが、煩悩の汚れをともなわない無知――たとえば行人に道をたずねられて答えられなかったり、草や木の名前を知らなかったりすることはある。⑶阿羅漢も疑惑をもつことがある。⑷阿羅漢のなかには、みずから自覚せず、ブッダなど他人に証明されて初めて自分が解脱したことを知る人がいる。⑸たとえば「真実苦しい」と声を発することによってさとりが起こり、ただ心中で真理を見、道を修することからだけではない。大天はこれら五つの事実を認めることが真仏教である、と述べたという。

大天がこの五項目を主張した真意は何であったか、十分に明らかでない。しかしそれが仏教の発展、とくに大乗仏教の成立に関する重要な示唆を含んでいることは確かである。阿羅漢(arhat)は「拝まれるべき人、供養にあたいする人」の意味で、仏教興起時代のインドで、尊敬すべき修行者の通称であった。ジャイナ教の開祖マハーヴィーラも、シャーキヤ・ムニも、またシャーキヤ・ムニの上足《じょうそく》の弟子たちもみな阿羅漢と呼ばれた。しかしこのことばは、シャーキヤ・ムニ滅後、修道がしだいに体系化されていった諸部派の仏教、いわゆる小乗仏教ではもっと限定された意味で用いられる。そこでは阿羅漢はブッダと区別され、それよりも一段低く、そして仏弟子が到達しうる最高の階位となった。これ以上学ぶべきものがないので無学とも呼ばれた聖者の位であるが、それはブッダにはとうてい及ぶことのできないものであった。

この意味での阿羅漢という階位とことばがあらわれてくる年代は確定できない。しかし、大天の五事を主張する部派は大衆部系のものが多く、これを否定するものには上座部系の部派が多い事実を考慮に入れると、大天がこの主張を行なったことは、上座、大衆両派の立場の相違を前提にしなければ理解できない。つまり、大天は、上座部系仏教で最高の聖者とされる阿羅漢の地位を批判することによって、上座部系仏教と異なった理想をかかげる仏教――大衆部系の仏教を唱道したと思えるからである。おそらくそれは、仏教者はただ阿羅漢の位に満足すべきではなく、全知者である仏陀そのものに成ることを理想とすべきだ、といったものであろうし、それはのちの大乗仏教の旗印と一致するのである。

ヴァイシャーリーの結集や大天五事の伝承がどこまで史実を反映するものか、いままで積み重ねられてきた膨大な学者の研究にもかかわらず、明確でない。いずれにしてもそれらの伝承に見られる僧団内の意見の対立は上座部と大衆部への根本分裂をひき起こした。その分裂はブッダ入滅後百～二百年のあいだであったろう。ブッダの入滅年代そのものが不確かで、諸学者の見解は西紀前五八〇年ころとするもの、前四八〇年ころとするもの、前三八〇年ころとするものの三種に分かれているから、仏滅後百～二百年といってもあまり意味はない。アショーカ王が西紀前二六〇年ころに即位したことについては諸学者のあいだに大きな意見の相違はない。アショーカ王のころ――かりに仏滅後二世紀後半と考えておく――には仏教僧団はいくつかの部派に分かれていた。王の治下にもパータリプトラで結集が行なわれている。仏教の比丘たちは四人以上集まれば僧団を形成することができたから、ある僧団の内部で意見を異にした比丘たちは比較的容易に別の、独立した僧団を作って分派することができた。こうしてアショーカ王以後には分派活動はいよいよさかんになり、上座、大衆の両部から枝末的に分派しつづけた部派の数は、西紀後の分派をも入れると、最終的には二十ほどになる。

ジャータカ（本生話）とアヴァダーナ（譬喩）

古代インドでは、すべての意識ある生きもの（有情）はこの世かぎりのものではなく、次々と生死をくりかえすと考えられた。そして前世においてなした善悪の行為に応じて、次の世で幸福なあるいは不幸な生まれ方をする。業報によって神として、人として、あるいは動物にも地獄にも生まれる。したがってシャーキヤ・ムニのような偉大な人がこの世でブッダとなったということも、この世かぎりのことがらではなく、この世に生まれてくる前に、数かぎりなく生まれかわり死にかわりしているあいだに善行を積み、求道に努めたことの結果である、と考えられたのも当然のことであった。この前世におけるブッダの生き方を描いた物語がジャータカと呼ばれる。そこではブッダの前身である修道者が主人公となり、神として、国王、王子、大臣、バラモン、学者、仙人、職人として、またライオン、象、鹿、馬、猿、兎、鸚鵡、鳩などの動物として、勇気と自己犠牲と利他の精神にあふれた行為をする。ジャータカでは、そのような過去世の物語を展開したあとで、ブッダが過去物語の登場人物の一人をさして、「そのときの何某は、すなわち余であった」というのがつねである。このように過去物語の主人公が現在のブッダと比定されることがジャータカの特色となっている。

西紀前二世紀の後半に建てられたと推定されるバールフットやサーンチーのストゥーパの欄楯や塔門にはミガ・ジャータカ（鹿本生）やナーガ・ジャータカ（象本生）などの名とともに、それらの物語の場面の浮彫りが見られる。このころにはジャータカは一般的にうけいれられ、ストゥーパに参詣する在家信者たちを教化するための有力な手段となっていて、ただその物語が説法者（法師）によって講話されただけでなく、美術の題材ともなっていたことがわかる。

しかし、ジャータカそのものの起源はさらに遡るかもしれない。仏教には古くからブッダの言行録を九種に分かち、それによって仏教文献を整理した、九分教という分類法がある。この分類法はセイロンの文献にも、北方仏教の文献にもともにあらわれる。仏教がセイロンに伝わり、南北両伝に分かれるのはアショーカ王の治世に始まるから、九分教の分類はアショーカ王以前、つまり西紀前三世紀半ばにまで遡ると考えてよいかもしれない。この九分教のなかにジャータカという項目があるから、ジャータカの成立もアショーカ以前と考えられもするのである。

九分教の分類はのちには十二分教の分類へ発展する。これは北伝の文献にのみ見られる分類法である。十二分教には九分教には存在しなかったいくつかの項目がつけ加えられているが、アヴァダーナ（譬喩《ひゆ》）もその付加項目の一つである。アヴァダーナはジャータカと並んで、もっとも説話性の強い文献群である。アヴァダーナにおいては、現在物語のなかで活躍する主人公はブッダではなくて、すぐれた仏弟子か敬虔な信者であり、それについで語られる過去物語のなかではその主人公の前身がブッダ以外の過去仏のもとで善行を行ない、最後にブッダが「過去世の何某は現世の何某である」と比定する形になっている。つまり、ジャータカでは過去物語の主人公であるボサツは現在世のブッダその人であるが、アヴァダーナではブッダは物語の主人公ではなく、過去物語の主人公は現在世の仏弟子とか信者とかに比定されるわけである。しかし、こうした形式がつねに厳密に守られつづけたわけではなく、ジャータカの現在物語、アヴァダーナの過去物語、両者の連結の部分などが省略されてしまったりして、ジャータカとアヴァダーナは後代になるほど混淆している。

序章に紹介したヴィシュヴァーンタラ太子の物語は現存パーリ語文献においては完全な形

のジャータカとして残っているが、アールヤ・シューラの『ジャータカ・マーラー』では物語の中心部である過去物語のみが残り、クシェーメンドラの『アヴァダーナ・カルパラター』ではこの物語は詩形のアヴァダーナとなっている。『六度集経』の「常悲菩薩本生」でも現在物語は省略され、ブッダと常悲（サダープラルディタ）との比定も、物語の冒頭における「むかしブッダがボサツであったとき……」という一句であらわされるだけである。この第一章の初めのほうでふれた仏弟子プールナの物語は『ディヴィヤ・アヴァダーナ』にとり入れられて、完全な形式をもった一篇のアヴァダーナになっている。『六度集経』は、さきにもふれたように、六波羅蜜を主題としたジャータカを集めたものであって、シャーキヤ・ムニの前身のボサツが主人公になってはいるが、大乗仏教の影響の下に編集されたものであろう。

第二章　「般若経」の背景

ボサツと菩薩

ジャータカの発生はかなり古く、西紀前二世紀、あるいは前三世紀にまで遡ることはすでに述べたが、ジャータカで主人公として活躍するボサツということばはジャータカとともに発生したかどうかわからない。バールフットのストゥーパの欄楯や塔門にシャーキヤ・ムニが母胎に入るというジャータカの一場面の彫刻があるが、その銘には「世尊入胎す」とあって「ボサツ入胎す」とは書かれていない。同じ場面が後代の仏伝文献にあらわれるときにはかならずボサツということばが使われている。入胎のときにはシャーキヤ・ムニはまだブッダになっていないのであるから、彫刻を作った人がボサツということばを知っていたならば、それを使ったにちがいない。ジャータカ研究で知られる干潟《ひかた》龍祥《りゅうしょう》氏は、この事実から、バールフットのストゥーパが建造された西紀前二世紀半ばには、ジャータカはすでに存在したけれども、ボサツということばは存在しなかった、と推定された。氏は、ボサツという語のあらわれる他の彫刻や、ボサツという語を使っているパーリ語仏典が初めて文字に写された年代（前四三～一六）などを考慮したうえで、ボサツという語は西紀前一世紀中ごろに成立したと推定している。

ジャータカの物語そのものは、ボサツということばを用いなくとも、物語ることはできる。また、ジャータカは古代インドの寓話や伝説を仏教徒が借用してシャーキヤ・ムニの前世物語に仕立てたものであろうから、物語の成立そのものはボサツということばと必然的に結びついてはいない。だからのちにはジャータカの主人公はかならずボサツと呼ばれたけれども、ジャータカ発生の当初には、「世尊はむかし……」というようないい方しかあらわれなかったのかもしれない。そう考えると、干潟説はきわめて有力なものに思えてくる。しかし、一方、バールフットのストゥーパにあらわれないからボサツという語はそのときまで存在しなかった、とするのは、無存在を根拠にした年代設定であってやや危険なものである。バールフットにないということは、偶然であるか、またはそのストゥーパが寄進された部派がボサツという語を嫌ったからであって、ほかの地方や部派ではボサツという語を使っていたかもしれないからである。インド仏教史の権威平川彰氏は『論事』『発智論』『舎利弗阿毘《あび》曇論《どんろん》』など、ボサツという語を使っている書物の成立年代を西紀前一～二世紀とし、ボサツという語の成立を紀元前二世紀と推定している。

シャーキヤ・ムニのほかに、そしてシャーキヤ・ムニ以前に六人の過去仏が存在したという信仰はかなり古いものである。シャーキヤ・ムニ自身、自分は過去の聖者たちの歩んだのと同じ道を歩いたのだ、という自覚をもっていた。碑文の面からみても、アショーカ王が過去仏の一人であるコーナガマナ（カナカ・ムニ）仏のストゥーパといわれていたものに参拝し、その塔を拡張させたことを記したニガーリー・サーガル石柱が残っている。パーリ語仏典や漢訳の阿含《あごん》経典にも過去仏の記述はくわしい。のちには過去仏の数はさらにふえる。過去仏の信仰と並んで未来仏の信仰も早くから成立していた。未来世にシャンカという転輪聖王《てんりんじょうおう》があらわれ、正法によって世界を統一するが、そのときにマイトレーヤ（弥勒）と名づけられる仏陀が出現する、という記述は、パーリ仏典にも漢訳阿含経典にも見られる。

こうして過去仏と未来仏の存在は比較的早く各部派によって認められ、一般にも広く信仰されていたけれども、現在にシャーキヤ・ムニ以外の仏陀がいるということは、セイロンの上座部や北インドの説一切有部のような保守的な僧団によってはなかなか認められなかった。しかし、西紀前二世紀ころから後二〜三世紀にまでわたって書きつづけられたといわれる大衆部系の説出世部の仏伝『マハーヴァストゥ』（『大事』）には現在多仏思想が存在するから、進歩的な部派では大乗興起以前から、現在にも十方世界に多くの仏陀がいる、ということが信じられていたにちがいない。

燃灯授記の物語は古いジャータカの一つで、『四分律』をはじめ多くの仏伝文献にあらわれる。ディーパンカラ（燃灯）仏は古くから存在した過去六仏に含まれない、新しく作られた過去仏である。シャーキヤ・ムニの前身である青年メーガがあるときディーパンカラ仏陀を見てさとりの心を発《おこ》し、五茎の花を仏陀の上に撒きちらし、髪を地に布いて仏陀の歩む道を浄め、自分もかならず仏陀になろうと誓願を起こした。ディーパンカラ仏陀はメーガに対して、お前は未来世においてシャーキヤ・ムニという名の仏陀になるであろうと予言（記《き》莂《べつ》、授記）した、というものである。この物語は『八千頌般若経』（第十九章）にもあらわれるが、大乗仏教の出発点を形成するものである。シャーキヤ・ムニの前身という限定はあるにしても、阿羅漢ではなく、無上にして完全なさとりをさとった仏陀になることを予言された青年が、その後不退転の決意をもって修道に励むという思想は、完全に大乗の菩薩のものであるからである。ただし、この物語の原初形態においてはボサツということばはまだあらわれない。

過去仏、未来仏、現在仏の信仰、そしてシャーキヤ・ムニの前世物語、とくに燃灯授記の物語などが出そろってきたのがいつごろであるか、年代は決定できない。しかし、かりに西紀前一〇〇年前後と考えておいて大差はないと思われる。過去にも、未来にも、そして現在にも多くの仏陀がいる。そしてそのひとりひとりの仏陀はシャーキヤ・ムニの修道期と同じように、生まれかわり死にかわりして徳行に励んできたし、いま励んでもいる。しかも彼は出家の比丘とは限らず、在家の王であり、大臣であり、職人であり、鳥や獣でもある。そうであれば、われわれの周囲にいるあらゆる有情は仏陀たることを期して徳を積んでいる修道者である可能性がある。またそのような環境にいる自分自身も仏陀たることを期して徳を積む修道者であらねばならない。このような思想は、過・現・未の三世に多数の仏陀がいるという信仰とジャータカ物語の主人公の生き方との二つから論理的に展開してくるものである。そしてこの思想は、当時の仏教徒、とくに僧院において専門的な学問と修行をすることのできない在家の信者たち、一般社会のなかにあって仏道の実践のしかたを模索していた人々に衝撃的な影響を与えたにちがいない。そこには新しい人生の目標と新しい生き方が示唆されていたからである。

インド仏教史の研究家静谷正雄氏の指摘するところでは、スワートのパタン村出土の舎利壺銘文には、ギリシア人知事テオドロスが「多数の人々の安定のために」(bahujana-stitiye) シャーキヤ・ムニの遺骨を奉安した、と記されている。この銘文は西紀前一世紀中葉を下らないものである。これについで西暦紀元前後には「一切衆生への供養として」あるいは「一切衆生の利益安楽のために」ブッダの遺骨や池その他の施設を奉安、寄進したことを記す銘文がふえてくる、という。第一章で、「多くの人々の利益のため、多くの人々の安楽のため」に伝道せよ、と説いたブッダの開教宣言にふれ、それとよく似た文章が『八千頌般若経』にあらわれることを書いた。このブッダの開教宣言は『マハーヴァストゥ』の燃灯授記物語の個所で、シャーキヤ・ムニの前身のボサツがおのれの髪を地に布いて「多くの人々の利益のため、多くの人々の安楽のため」に仏道に志す誓願を起こすところにもあらわれ、また『法華経』の「方便《ほうべん》」「譬喩《ひゆ》」「化城喩《けじょうゆ》」の三章にもあらわれる。さきの碑文の「多数の人々の安定のために」「一切衆生への供養として」「一切衆生の利益安楽のために」というような表現が、同じブッダの精神を継ぐものであることは明らかである。

このような環境のなかでボサツは誕生してくる。それは、一切衆生の利益と幸福のために仏陀となろうと志し、無上にして完全な「さとりを求める者」(bodhi-sattva) であった。シャーキヤ・ムニの前身に限定され、ジャータカの主人公であるボサツという語と、大乗仏教のすべての仏道修行者にまで拡大された菩薩という観念と、その成立に多少の前後はあるかもしれない。しかしあったとしてもその間隔はわずかなものであったろう。むしろ、すべての有情の利益と幸福のために、徹底的な自己犠牲と忍耐を行じて、無上にして完全なさとりを求める人格が、新しい仏教者のイメージとして出現したとき、一方でそれはジャータカの主人公の呼び名に適用され、他方で大乗運動の理想としてとりあげられたのであろう。

僧院の仏教

根本分裂によって仏教教団は上座・大衆の二部派となったが、その後それぞれの部派は数百年のあいだにさらに細かに分裂しつづけ、最終的には十八部とか二十部とかいわれるほどになった。いわゆる枝末分裂である。こうした分裂については種々な原因が考えられる。教義や戒律について解釈が相違したこともあり、あるすぐれた指導者があらわれて彼を中心とするグループが独立することもあり、あるいはただ地理的にへだたっているために別の学派が作られたこともある。しかし、このいわゆる部派仏教、あるいは小乗仏教の時代を通じ、シャーキヤ・ムニの時代にはガンジス中流に限られていた仏教世界は全インド、さらにセイロンやガンダーラ地方にまで拡大された。各部派はそれぞれ固有の経と律を伝承し、さらにその部派独得の哲学であるアビダルマ（論）を発展させ、競いあい、協力しあっていた。経・律・論に関してはそれぞれの部派に特徴があったけれども、仏伝、ジャータカ、アヴァダーナなどの説話は比較的抵抗なしに一つの部派から他の部派へと交流したと思われる。

これらの部派はそれぞれストゥーパの近傍に建てられたかなり大規模な僧院をもっていたらしい。ストゥーパは在家信者たちがブッダに寄進したもので、いわば仏財であるから、僧院とは別個に管理され、ストゥーパへの供物が直接に僧院の経済に寄与することはなかったが、もちろん僧院そのものへの寄進も多かったであろう。また、国王や土地の富豪やギルドの長が一定の土地の租税や収穫物を僧院の維持のために寄進することもあった。こうして僧院に集団生活する比丘たちは経済的に保証され、学問と修道に没頭することができるようになった。その学問はいよいよ精緻な体系にまで構築され、その修道は長期にわたっていくつもの段階を経過する複雑な階梯になっていった。それはもはや専門家のためのものであり、在家の信者にとっては理解することも実践することも不可能なものになっていった。僧院において性的禁欲をはじめとする多くの戒律を守り、一方で社会的・経済的義務から解放された比丘たちの生活と、一般社会で結婚し、家族を保護し、職業に従わねばならぬ在家信者の生活とのあいだにはあまりにも大きな断絶ができてしまった。僧院の仏教は在家信者をその宗教から締め出してしまったし、在家信者は彼らを救いうる新しい仏教を探さねばならなかった。大乗仏教が起こってから、部派仏教が利他の精神に欠け、自己のみの救済に専念するものとして小乗と批判されるようになったのもそのためである。

阿羅漢（arhat）ということばは本来は「供養を受けるにふさわしい」という意味であって、原始仏教においては、ブッダやブッダと同じさとりをさとった仏弟子はみなひとしく阿羅漢と呼ばれたことは前にもふれた。しかし部派仏教ではこのことばは、ブッダの異名ではなく、仏弟子のいたりうる最高の聖者の位の意味で用いられるようになった。そしてブッダへの道と阿羅漢への道とははっきり区別されるようになった。僧院にとじこもって、もっぱら煩悩を断つことに精励する人々は声聞《しょうもん》（śrāvaka ブッダの教えを聞くもの）と呼ばれたが、彼らはどんなに修行してもブッダにはなれない。凡人から修行を始めてブッダの教えの流れに預かったもの（預流《よる》）、もう一度この世に生まれてからさとりを開くもの（一来《いちらい》）、死後天に生まれてそこでさとりを開くもの（不還《ふげん》）というような階位を経て、最後に煩悩を断ちきった聖者の位である阿羅漢に達する。その阿羅漢は全知者であるブッダとは違い、知恵の限られた低い位の聖者であった。しかし同時に、在家の仏教者はその阿羅漢にも達することはできず、せいぜいその途中の不還にまでしかいたりえない。それ以上進むためには出家して専門的な修行を積まねばならないとされた。

一方、ブッダは超人である。ブッダにだけそなわる三十二の肉体的な特徴（三十二相）をもち、ブッダ以外のものにはけっして存在しない十八の性質（十八不共法《ふぐほう》）をそなえ、人間や天人をはるかに超越した存在となった。そのようなブッダには、凡夫から修行を始める声聞は、いかにしてもいたりえないのであった。ブッダになるには、ちょうどジャータカの主人公のように、無数劫のあいだ生まれかわり死にかわって自己犠牲と忍耐の道を歩み、他の有情のために大慈悲を行なうための修行をし、さらに無数劫のあいだ三十二相を具備するのに必要な徳を積む。この二種類の修行を積んだボサツは、もはや地獄・餓鬼・畜生の三悪趣に落ちることはなく、つねに人間か天上の境涯に、しかも富貴の家にしか生まれない。このボサツの道は、この大宇宙に同時に二人並んで出現することのないブッダとなるために選ばれた、まれな修道者であって、ふつうの声聞に許されるものではなかった。

阿羅漢への道を歩む声聞たち、理論的にはともかく現実には不可能とされていたブッダへの道を歩むボサツのほかに、もう一種の修行者たちがいた。古くからプラティエーカ・ブッダ（pratyekabuddha）といわれた人々で、森林、山野でひとり清らかに禁欲的に暮らし、ひとり瞑想し、仲間の比丘に助けられることなくひとりさとって阿羅漢となり、自分のさとりを他人に語ることなくひとりやすらぎの死につくものである。これは成道《じょうどう》したのち、ブラフマー神の布教のすすめを受けるまえ、教えを説くことなく寂滅を考えていたシャーキヤ・ムニに似ている。プラティエーカ・ブッダは師友なく、ひとりでさとるから独覚と訳され、縁起の理法をさとり、あるいは飛花落葉などの外縁を通じてさとるから縁覚とも訳されている。この独覚の道も自利に専念するものであった。

僧院の声聞、森林の独覚はいずれも非社会的な存在であった。在家者たちの恩恵によってその生活を支えられながら、社会へ利益を還元することを忘れ、在家の仏教者を見捨ててかえりみないエリートの修道者であった。彼らは、ブッダとなり、世人を救うために不惜身命の行を行じ、無数劫にわたって勇猛精進するジャータカの主人公、シャーキヤ・ムニの前身であるボサツの物語をもちろんよく知っていた。しかしそのようなボサツの道は自分たちとかけはなれた聖人であるシャーキヤ・ムニにのみ可能なものであると考え、そのボサツの道を捨てていた。このような自利にのみ専念する声聞や独覚の道を批判する動きが、同じジャータカ物語に鼓舞された人々のあいだに起こってきた。この人たちは、多くの人々の利益と幸福のために奉仕することが仏教の中核であり、だれでもがシャーキヤ・ムニと同じように、阿羅漢ではなく仏陀そのものになることを理想とした。いわばこの人たちは、根本分裂のさいに阿羅漢批判を展開したマハーデーヴァ（大天）の志を継ぐ人々であった。彼らにとって、出家と在家の区別は本質的なものではなかった。いずれの形の生活をしようとも、一般社会と隔絶されることなく、社会人とともに歩み、社会の指導者として生きることが仏教者のつとめであると考えた。そして自分たちはシャーキヤ・ムニと同じように、仏陀となるために菩薩の道を歩まねばならぬと決意した。彼らこそが、新しい仏教である大乗の推進者であった。

こうして、声聞・独覚・菩薩という三つの道に分かれた。やがて、菩薩の道を歩むものたちは、みずからを大乗――偉大なる乗物によって行く者と任じ、声聞・独覚を小乗――狭小な乗物によって行く者と呼んで、旗幟を鮮明にして積極的に大乗運動を展開する。その環境のなかで「般若経」は生まれてくる。

すべてがあると主張する者――有部の哲学(1)

インドの各地に分散して発展した諸部派においてはアビダルマと呼ばれる学問が発達した。ブッダの教説の伝承はアーガマ（「阿含経」。シャーキヤ・ムニの言行録）と呼ばれて各部派において伝持されたが、アーガマの真理（ダルマ）に対する学習や研究は、当然、僧院の比丘たちの重要な仕事であった。この「アーガマの教法（ダルマ）に対する（学習、研究）」がアビダルマといわれるものである。諸学派のうちおそらくもっとも多数のアビダルマ論書を生み、そして学問的にもっとも強力な部派として成長したのが西北インドに勢力をもっていたサルヴァースティヴァーディン派である。この学派の名は「すべてがあると主張する者」を意味し、ふつう漢訳名「説一切有部（せついっさいうぶ）」、あるいは略して「有部」で知られている。説一切有部は上座部の系統に属し、比較的早く上座部から枝末分裂して独立した。おそらく西紀前二世紀から「六足論」と総称される六つのアビダルマ論書を次々と制作したが、カーティヤーヤニープトラは『ジュニャーナ・プラスターナ』（『発智論《ほっち》』）を著わして、説一切有部の学説を総合的、組織的に論述した。玄奘《げんじょう》によれば、カーティヤーヤニープトラは仏滅三百年にチーナブクティにおいてこの書を著わしたというが、年代ははっきりしない。現代の学者の多くは『発智論』の成立を前一世紀においている。西紀前一世紀にはこの学派の哲学は部派仏教を代表するほどに強力なものとなっていたにちがいない。というのは、「般若経」の「空の思想」はこの学派の「有の哲学」を前提し、それを批判したものだからである。西紀後二世紀中ごろには『発智論』に対する膨大な注釈書『マハーヴィバーシャー』（『大毘婆沙論』）が成立し、説一切有部の教学は集大成された。五世紀のヴァスバンドゥ（世親）が『アビダルマ・コーシャ』（『阿毘達磨倶舎論』）を書いて、説一切有部の哲学を完成したことはあまりにも有名である。この学派の哲学体系は長い期間にわたってさまざまな発展を経て完成されたものであるけれども、「すべてがある」というこの学派独得の基本的立場は学派分立の当初からすでに築かれていた。もっとも初期の論書『サンギーティ・パリヤーヤ』（『集異門足論』）のなかにすら、すでにこの特異な考え方を前提にしなければ理解できないような術語があらわれているし、またこの学派の名前「説一切有部」はそのような学問的立場の端的な表明であるからである。

いま有部の哲学をくわしく紹介するいとまはないけれども、この学派の基本的な思惟方法だけは説明しておかねばならない。有部の「有の哲学」の理解なくしては、そのアンティテーゼとしての「般若経」の「空の思想」はけっして理解されないからである。また、この機会を「般若経」にも頻出する術語のうちもっとも基本的なものを解説するために利用したいと思う。

有部の「有の哲学」とは無常なる自己と世界のなかに確固たるものを探究する思想運動であったといえる。「すべては無常である」「すべては苦である」「すべては無我である」ということはアーガマ経典の中核を形成する教義であった。この三つの命題は並列的に説かれることもあるけれども、また、無常なるものを正しく理解せず、それを恒常なるものとして執着するから苦があり、すべてが無常であり苦である場合に恒常、自在な主体である自我があるはずはない、というように、無常が苦と無我の根拠として説かれることもあった。そしてさらに無常の根拠としては縁起が説かれた。「どんなものでもみな無常なものを原因として生じている。無常なものを原因としているものがどうして常住不変でありえようか」。すべてのものは自立的ではなく、他のものを原因とし、他のものに依存してのみ生起し、存在するから無常なのである。

アーガマ自体、無常を説明するために五蘊・十二処・十八界などの範疇を用いていた。

蘊、処、界は、グループ、領域、種類などの意味で、いずれも範疇と理解してさしつかえない。五つの範疇とは色・受・想・行・識のことで、それを使って、「色は無常である、受は無常である、想は無常である、行は無常である、識は無常である、すべては無常である。色は苦である……すべては苦である。色は無我である……すべては無我である」というように説かれた。「般若経」をはじめほとんどすべての大乗仏典でくりかえされるこの種の表現は、すでに原始仏教に存在していたものなのである。

五蘊は「すべてのもの」と同義語で使われる。すべてのものは色・受・想・行・識の五つの範疇で尽くされるからである。とはいっても、この五つが具体的に何をさすかはかならずしも明らかでない。ブッダがこれらの語を用いたときの意味は、比較的早く忘れられてしまったり、後代の解釈が原意をくらましてしまったりしているからである。色とは「いろ・かたち」つまり視覚の対象となるものの意味と、それによって代表される物質的存在一般との二つを意味しうる語であるが、五蘊の範疇のなかの色は後者、つまり、物質的存在のことである。第五の識は心のことである。そうしてみると、五蘊の範疇とは、もの――身体とその環境としての物質的存在――と心とを初めと終わりにおき、その中間にものと心との交渉、接触によって起こる心作用の代表として受・想・行の三つをあげたか、あるいは、ものと心とをまず分け、心の方をさらに細分して受・想・行・識とし、それを色とともに一列に排列して色・受・想・行・識とした一種の重複分類であるかであろう。古代インドの哲学書にはこの種の重複分類の例ははなはだ多い。

いずれにしても受とは感受、つまり感覚のことであり、想とは表象作用、そして行とは意欲、意志をいう。行にはほかに有為と同じように「作られたもの」をさす広義の使い方もあるが、いまの場合は狭義の意欲をいう。ほんらい五蘊は、ものと心と三つの心作用の分類であったにしても、感覚、表象、意欲という三つの心作用との関連で最後の識を考えると、これを心とか認識とかいう広い意味で解釈すると不都合が生じてくる。感覚、表象、意欲も心であり、意欲はともかく、感覚、表象は認識であるにちがいないからである。したがって、この三つの心作用と並べられたときには、識は判断、推理などを含めた思惟のことであると考えたほうがよいと思われる。したがって、五蘊とは物質的存在、感覚、表象、意欲、思惟のことで、この五つによってすべての存在をあらわしたものである、ということができる。「五蘊は無常である」といういい方でブッダは「すべての存在は無常である」ということを意味したのである。

アーガマのなかには五蘊、十二処、十八界という範疇のほかに、有為《うい》・無為、有漏《うろ》・無漏《むろ》という範疇もよく使われている。十二処、十八界のことはのちにふれる。有為とは因果関係によって作られたもの、制約されたものであり、無為は因果を超えたもの、制約されないものである。有為は、作られた、したがって無常であり苦であるすべてのものであり、無為は作られず、無常と苦とを超えたもの、具体的には絶対的な寂滅である涅槃の世界である。そして有為はわれわれに執着される世界であるから、煩悩によって汚されたもので、これを有漏という。漏とは汚れのことである。涅槃つまり無為は煩悩が断たれ、執着が超えられた世界であるから、汚れのない無漏のものである。ブッダは煩悩を絶滅して涅槃にいたる道を説いたのであるから、有為・有漏の世界のほかに無為・無漏の世界を認めた。

しかし、アーガマ自体のなかでこのような理論化が進められると、ここに一つの問題が生じた。五蘊すなわちすべてのものは無常である、といっていたときの五蘊としてのすべてのものは、もちろん、作られたもの、したがって無常であり、苦であり、煩悩に汚されたものである。ここで五蘊＝有為＝有漏＝無常＝苦という等式が成り立つ。それに対して、涅槃は作られないもの、恒常な存在であり、苦と煩悩を超えたものであるから、無為であり、無漏である。ここでは、初め「すべては無常であり、苦である」といっていた有為の世界のほかに、涅槃という、無常でなく、苦でない世界の存在がつけ加えられた。そうすると、「すべては無常である」ということはできなくなってくる。無常でないものとしての涅槃があり、「すべて」のなかには涅槃も含まれねばならないからである。そのためにいい方を変えて「すべての作られたものは無常である」（諸行無常。この場合、行は有為の意味）といい、「すべては無我である」というときには「すべてのダルマは無我である」（諸法無我）というようになった。ダルマ（法）はそのとき有為および無為、あるいは無常および恒常なものすべてを含むことばとなっている。「無我」は有為と無為のすべてのダルマ（法）に妥当するが、「無常」は有為のダルマにしかあたらないからである。『倶舎論』研究の権威桜部建氏がみごとに指摘されたように、すでにアーガマにおいて、有為と無為とを合わせた存在の世界、ダルマの世界が発見されていたのである。ダルマという語には種々の意味があるが、ここでは「もの」「存在」を意味する。もっとも重要なことは、ここで無常な世界のほかに恒常な世界が見出されたことであり、無常と恒常との二種類の世界に共通に横たわる本質、存在そのものへの目が開かれたということである。仏教の存在論はこの時点に始まり、説一切有部によってさらに発展させられてゆく。

アーガマにおいて五蘊とともによく用いられた範疇に十二処と十八界がある。十二処は眼・耳・鼻・舌・身・意、つまり五種の感覚器官に考える心を加えた六種の認識器官と、色・声・香・味・触・法というそれぞれの器官の対象とを合わせたものである。このさい、色は五蘊の色蘊のように物質的存在の意味ではなく、見られる「いろ・かたち」のことであり、声は声および音、つまり音声一般であり、触は触れられるもの、法は狭義に用いられて、心で「思われるもの」を意味する。

十八界は、たとえば視覚について、見る心（眼識）が視感官（眼根）を介していろ・かたちという対象（色境）をとらえるというように、器官（根）・対象（境）・心識（識）の三分法によって六種の認識を列挙するから合計十八種になる。もっとも、このさい最後の、思う心（意識）と思考器官（意根）と思われる対象（法）という三つのうち、意識と意根との区別が判然としなくなる。アビダルマでは一刹那前の、過去に過ぎ去った心が意根として、現在の意識とともにこの認識に参加すると説明するが、昔から問題になっている点である。

いずれにしても、十二処、十八界はすべての存在を認識の世界としてとらえている。ここで注意すべきことは、意根および意識の対象である法は思考されるものであることである。私たちは抽象的、概念的なものを考えることもできるし、涅槃や空間や非存在すなわち無為を考えることもできる。そして考えられるものが存在するとすれば、無存在もまた存在である。事実、次節でのべる、無為に属する三つのものは仏教の他学派で無存在にすぎないとされることがしばしばある。しかし、有部にとってはそれらは恒常で無制約的な存在なのである。

区別の哲学――有部の哲学(2)

中国、日本の倶舎学では有部の哲学を五位七十五法の体系で説明する。五位という術語は有部自身は使っていなかったようでもあり、また七十五法というときの七十五という数は『アビダルマ・コーシャ』(『倶舎論』)などのもっとも完成した論書によって計算したダルマの数であって、西紀前の有部論書にそれらのダルマが全部そろっていたわけではない。それにもかかわらず、すべての存在を色・心・心所《しんじょ》・心不相応行・無為という五種、すなわちのちに五位と呼ばれるようになったものに分類する考え方そのものはこの学派の原初期にすでに存在した。それは直前に述べたアーガマにおける五蘊説から直接に展開してきたものであったからである。五蘊のうちの⑴色蘊と⑸識蘊はそのまま五位の⒜色法と⒝心法にあたる。五蘊の行蘊は意味を拡大したうえで二つに分けて、心と相伴うもの、つまり心作用（心所）と、心と相伴わないもの（心不相応行）とにする。前者に五蘊の⑵受蘊と⑶想蘊を合わせて多数の⒞心所法とし、後者は⒟心不相応行法として別の範疇を立てた。この四つに⒠無為法を加えて五位とするのである。

心不相応行とは二つのものの結合と分離（得、非得）、共通性（同分）、特殊な禅定における無意識状態（無想果・無想定・滅尽定）、生命（命根）、生起・存続・変化・止滅という四相（生・住・異・滅）、単語・成句・音節などの言語的要素（名身・句身・文身）など、言語的、論理的、生理的諸関係のことである。これらは普遍的で、また個人の心と相伴うわけではないから心不相応行といわれる。

五位のうち最初の色法は、眼・耳・鼻・舌・身の五感官と色・声・香・味・触の五対象と無表色といわれる行為の潜在印象と、計十一法である。心は一つ。心所は四十六。心不相応行は十四。これらの四位に属する法は有為であり、第五の無為は空間（虚空）、涅槃（択《ちゃく》滅《めつ》。知恵によって得た止滅）、自然の止滅（非択滅。ダルマの生ずべき縁が欠けたため現象しないもの。不生不滅のままとどまるダルマ）の三つを含む。こうしてもっとも完成したアビダルマでは七十五のダルマが五位に摂せられ、それらすべてはある、といわれる。七十五という数はとにかくとして、五位の範疇に属するダルマを実有とする考え方も有部の原初期にすでに存在した。

アビダルマはアーガマのなかの教理を区分し、按排し、整理することから出発したが、その過程でしだいに一つの形而上学を構築してゆく。アーガマがすでに用いていた諸範疇を組み合わせてゆくとだんだん小さな単位の存在が得られてくる。たとえば十八界のうちどれが五蘊のどれであり、どれが五蘊に含まれないか、どれが無為、どれが有漏であるかというように、従来のものおよび新たに考え出した諸範疇を組み合わせる操作をくりかえしてゆくことによって、存在の最小単位をいよいよ厳密に規定し、それらの相互関係を明らかにしてゆく。そして七十五種のダルマを発見した。七十五種のダルマは、それ以上分割できない、存在の究極的な要素であるとともに、あらゆる存在者を包括するものである。したがって、この五位七十五法に含まれないもの、たとえば自我とか神とかいうものは存在しない。七十五法が実在する、ということは、自我は実在しない、ということを論証するものであった。

ダルマ（法）ということばはきわめて多義的で、始末に困るものである。内外の多くの学者が議論を重ねてきたが、それらを総合すると、⑴法則・法・基準、⑵道徳・宗教、⑶属性・性格、⑷教え、⑸真理・最高の実在、⑹経験的事物、⑺存在のかた・範疇、⑻存在の要素、などの意味でダルマという語は用いられる。仏典の漢訳では、このすべての意味が

「法」という一つの訳語に収められてしまっている。アビダルマ論書ではダルマという語をその(6)(7)(8)のいずれかで使っている。しかもそれにも広狭二義があって、意識の対象としての法、すなわち「思考されるもの」は狭義の場合であり、七十五法というときの法はすべての存在者を含む広義の用法である。この広義の法はそれがすべての現象、事物を含みうる点では、(6)の経験的事物の意味で使われているといえないこともない。しかし七十五法というときは無数の経験的事物の範疇であり、本体として実在する七十五種の存在要素を意味している。この意味でのダルマが有部の実在論哲学の基礎となっている。

有部の論書は法を定義して「独自の性質を保持するから法である」という。「独自の性質」(sav-lakṣaṇa) とは「他と共通する性質」(sāmānya-lakṣaṇa) と対比して使われる語で、他のものにない、それ自身の特性をいう。このことばはまた有部の論書で「独自の存在」(sva-bhāva) と同義語であるとされる。そして、独自の存在つまり本体は実体 (dravya) と同義である。ダルマという名詞は「保持する」を意味する語根から派生するので、有部は「独自の性質、独自の存在を保持するから」実体のことをダルマ（法）という、と定義したのである。「般若経」やそれを継承したナーガールジュナが「ものは空である」というとき、空とは「独自の性質、存在をもたない」という意味である。だから、ダルマは実体の概念に相当することばである。

三世実有・法体恒有――有部の哲学(3)

有部はダルマ、いいかえればものの本体は過去・現在・未来の三世を通じて実在する（三《さん》世《ぜ》実有《じつう》）、という。作られたものでない無為のダルマだけが恒常であるだけでなく、有為のダルマも実は恒常である（法体恒有《ほったいごうう》）、というのである。有部はこの理論をいろいろな方法で論証するが、もっとも中心的なものは、過去や未来のダルマも認識されるから、実在する、という形の推論である。仏教およびインド哲学一般では対象をもたない認識を認めない。もし過去および未来の対象が実在でないならば、ひとが過去および未来のものについて行なう認識は対象をもたないものとなろう。しかし対象のない認識などはありえない。したがってわれわれが過去および未来のものを考えることができるということは、それらが実在していることを示す（『倶舎論』巻二十）。

たとえば、私が赤い色を見ているとき、私のその視覚は実在する対象をもっているように、およそ認識はかならず実在する対象をもっている。意識はその本性上認識である。だから意識はかならず実在する対象をもっている、というのである。ブッダも過去の善を保持せよ、とか、未来にかくかくの悪をしてはいけない、ということを説いた。過去および未来のものが実在しなければこれらのことばは意味を失ってしまうではないか。

もちろんこのような有部の考え方は、批判的実在論を展開した経量部《きょうりょうぶ》や大乗の「般若経」や中観派などから激しく攻撃された。現代のわれわれの考え方にいちばん近い経量部は次のように批判する。過去において見たもの、未来において見るであろうものを意識することは記憶ないし推理の問題であって、現在における知覚が対象をもっていることとは本質的に別なことである。だから記憶や推理があるからといってその対象が実在するわけではない、と。しかし説一切有部の範疇論的実在論の立場からいうと、過去において赤い色という物質的存在であった対象が現在記憶されているときには、たんなる観念に変質してわれわれの心のなかにあるということは許されない。それでは諸存在を物質や心や心作用や心不相応行という別個な範疇に分けて追求したことの意味がなくなってしまうからである。物質的存在は過去にあろうと、未来にあろうと、現在にあろうと依然として物質的存在でなければならない。したがって意識された赤い色は三世にわたって外界に存在している。だからものの本体は三世に恒常に実在する。ここまでくると、有部のいうダルマとは、思惟の対象であり、概念の実体化されたものであることがわかる。思惟の世界には三世の区別は本質的に存在しないのである。はたせるかな、有部は、過去・現在・未来の三世の別は位の違いにすぎない、という。ものの本体は同じだけれども、その本体が作用をもっているときを現在、作用をもっていないときを過去、未来というだけである、という。「すべての作られたものは無常である」という仏教の基本的な命題も、有部にとっては、本体は恒常であるが、それが作用をもって現象するのは現在一瞬間だけである、ということになる。有部が、一方でものの本体は三世に実有であるといいながら、他方ですべての作られたものは瞬間的存在にすぎない、というのもそのためである。ものは生じてただちに滅する。厳密にいうと、ものは生起・存続・変化・止滅という微細な四刹那からなる一瞬のあいだ現象するだけである。たとえばコップがひと月とか一年とか、ある一定の期間存在するように見えても、実はダルマの複合からできているコップは現在の一瞬だけ存在して過去に去ってしまっている。次の瞬間に同じコップがあるように見えても、それはまた別の似かよったダルマの複合であって、同一物ではない。このような有部の瞬間的存在論（刹那滅論）を桜部建氏はみごとな譬喩で説明している。

「一つのリールから送り出された映画のフィルムは、一こま一こまランプの前に現われ、それによって照らされてスクリーンの上に一瞬画面を投影するが、次の瞬間には別のリールに巻き取られてゆく。フィルムの流れはリールからリールへ動いてやむことがないが、フィルムに焼き付けられた一こまの画面そのものは、はじめのリールの中にあるときも、ランプに照らし出されるときも、あとのリールに巻きとられたのちも、動かず変わらずに存在している。そしてスクリーンに次々と映し出される影像は、一つ一つとしては瞬間的であり動きのないものでありながら、それが無数に不断に連続することによって、変化活動し、時間的経過をもった一編の物語を織り成してゆく。

　はじめのリールは、ダルマの経過する三世の中の未来の領域にあたり、ランプによって照らされる瞬間は現在にあたり、あとのリールは過去の領域にあたる。フィルムの一こま一こまがすなわちダルマ、厳密にいえば、ともに生起する無数のダルマの集合、である。そして、スクリーンに映し出された影像の活動変化によって織り成される物語は、まさしく現実の経験的世界すなわち『諸行無常』の世界に相当する。リールからリールへとフィルムが流れるように、ダルマの時間は横に、空間的にひろがっている。スクリーンに映し出される物語の経過のように、経験的時間はそれを縦に貫く。その二種の時間の交点は絶対の現在ともいうべく、われわれ経験的世界に生きる者はいつもそこに立っているのである」（角川書店刊「仏教の思想」2『存在の分析〈アビダルマ〉』六二〜六三ページ）。

　われわれは「諸行無常」の世界に立っている。しかしアビダルマの哲学者はその世界を超越する。たとえば熱帯魚のガラス容器の外側に立って、容器のなかのさまざまの魚が行き交い、岩に隠れ、藻にもぐりする、その全体を見わたしている人のようである。なかの魚や岩や藻はあるときには隠れ、あるときにはあらわれる。しかしそれは容器のなかにいるそれぞれのものにとってそうなのであって、外側から見ている人には魚も岩も藻もつねに存在している。

この世界の人や自然も同じである。世界の外から見わたす超越的な理性にとっては、すべての無常なものの生死と流転とは単に様態の相違にすぎない。すべてのものは初めから終わりまで、存在しつづけているのである。このような超越的な観想の立場は、僧院において脱俗的な生活を送り、あくまでも理性的に世界を見る聖者たちの哲学にふさわしいものであったのである。

分裂に分裂を重ねて全インドおよびその周辺にまで拡がっていった多くの部派のなかには、保守派もあれば進歩派もあった。僧院の比丘の在家に対する優越性を誇り、阿羅漢たることに固執した保守的な僧団のなかで、ついに壮大な有の哲学が築かれた。しかしそのころまでには、阿羅漢たることに満足せず、現在における無数の仏陀の存在を確信し、出家、在家を問わず、すべての人々とともに菩薩の道を歩み、やがては仏陀となろうと誓った進歩的な新仏教者の数もしだいに増加していた。この人々はただ社会的に、そして心情的に仏教の革新をはかっただけではない。僧院の有の哲学を批判しうる新たな哲学を探究しつづけていた。こうして「般若経」出現の機は熟したのである。

第三章　「般若経」の出現

『八千頌般若経』の成立

「般若経」というのは単一の経典ではなくて同一の系統に属する多数の経典の総称である。多くの大部の「般若経」のうちで『八千頌般若経』がもっとも早く成立したという点では、今日の学界で疑いをもつ人はもういないといってよい。『八千頌般若経』の現存サンスクリット本は七～八世紀に現形を得たもので、支《し》婁《る》迦《か》讖《せん》が一七九年に『道行般若経』という名のもとに漢訳したもののほうが『八千頌』のより古い形を残している。この『道行般若経』の原典であったサンスクリット本はいったいいつごろ書かれたものであろうか。その決定には困難な問題がつきまとっている。

『道行般若経』の「曇無竭菩薩品第二十九」には次のような文章がある。

（ダルモードガタ菩薩がいう）「たとえば、ブッダが完全に涅槃されたのちにある人が

『仏の形像』を作るとしよう。ひとは仏の形像を見てひざまずいて拝み、供養しないものはいない。その像は端正ですぐれた形相をもっていて、（ほんとうの）ブッダと少しも異っていない。ひとはみなそれを見て歎称し、花や香やいろどった絹をもって供養する。賢者（サダープラルディタ）よ。仏という神が像のなかにあるだろうか」

サダープラルディタ菩薩は答えていう。

「像中にはございません。仏像を作る理由は、ただひとにその福徳を得させるだけのことです……ブッダが完全に涅槃されたのちに、ブッダを念ずるために像を作ります。世間のひとにそれを供養してその福徳を得させようと思うからです」（『大正大蔵経』第八巻四七六）。

この文章がもしサンスクリット原典にあったとすれば、当時インドにおいて仏像がすでに作られていたことを示している。周知のように、西紀前のインドの彫刻、たとえばバールフットやサーンチーのストゥーパの浮彫りなどには、神や人や動植物は無数にあらわれるが、ブッダは菩提樹や仏足跡で象徴されるだけで、仏の姿そのものは彫ったり画いたりはされなかった。仏像が作られ始めたのは西紀後のことである。仏像の起源については、「最初の仏像が出現するに至った時期については、もちろん決定的なことはいえないが、ガンダーラの場合は第一クシャーン朝支配の前期、凡そ西紀後一世紀の末葉からであったと推定され、これに対してマトゥラーでは、その最も早い仏伝図も後二世紀の初頭より以前には遡り得なかったと見られる」という高田修氏の名著『仏像の起源』（四一五ページ）の帰結が、もっとも権威あるものとして認められている。

高田修氏自身、さらに塚本善隆、平川彰、静谷正雄氏など、初期大乗仏教の権威ある研究者たちは主として前記の文章をとりあげて、『道行般若経』の成立を仏像発生後においておられる。静谷氏は後一〇〇～一二五年をそれにあてておられる。また高田氏はもう一つの点にも注目している。『道行般若経』の「薩陀波倫菩薩品第二十八」に、サダープラルディタ菩薩が「（悉）見十方諸仏三昧」を得た、と出ているが（「大正大蔵経」第八巻四七二Aおよび四七三C）、悉見十方諸仏三昧とは現在の十方諸仏をまのあたりに見る瞑想、つまり「般《はん》舟三昧《じゅざんまい》」(pratyutpanna-buddha-saṃmukhāvasthita-samādhi) にほかならない。したがって『道行般若経』は『般舟三昧経』と関係がある。ところが、『般舟三昧経』には、般舟三昧をすみやかに得る四つの方法を列挙し、その第一に「一には仏の形像を作り、もしくは画を作る」ことをあげている。つまり、『般舟三昧経』は仏像発生後に書かれたものである。そしてこの経典を予想する『道行般若経』も同じ時代に成立した、という趣旨を高田氏は語っておられる（『仏像の起源』四二八ページ）。このようにわが国における最近の研究は、『道行般若経』そしてその原典である『八千頌般若経』の成立を西紀後二世紀にまで下げようとする傾向が強い。

しかしこの点について疑問がないわけではない。上記の問題の二ヵ所は『道行般若経』にある「サダープラルディタとダルモードガタ」の物語のなかに出てくる。『八千頌』サンスクリット本ではこの物語は第三十、三十一章にあたるが、そこには仏像に関するさきの文章は出てこないし、悉見十方諸仏三昧という「三昧」も記されていない。『八千頌』のチベット訳にも、羅什および施護による『八千頌』の漢訳にも、それらの記述は存在しない（曇摩《どんま》蜱《ひ》・竺仏念共訳、玄奘訳にはこの物語全体が省略されている）。つまりその二つの記述は支婁迦讖訳にしか見えないのである。『八千頌』のもう一つの漢訳である、支謙訳『大明度経』には二つの記述はあるけれども、この漢訳の年代（二二二〜二二八）と性質からみると、それはおそらく支婁迦讖訳に影響されたものであろう。仏像や悉見十方諸仏三昧の記述がもと『八千頌』原典にあったのが、現存『八千頌』サンスクリット本およびチベット訳、羅什訳、施護訳などでは脱落し、支婁迦讖訳（および支謙訳）にだけ残ったというようには考えにくい。経典というものは時代とともに拡大増広される傾向をもっていて、もと存在した文章が削除されるということはほとんどない。したがって、われわれはむしろ、この記述はサンスクリット原典にはなかったのに、何かの都合で支婁迦讖が漢訳にさいして挿入した、と考えるべきであろう。中国仏教は仏像の輸入とともに始まり、初期の中国仏教は仏像崇拝の仏教とさえいえる。支婁迦讖はその中国の風潮に乗じ、自分がかつて中央アジアで見た仏像信仰のことを思い出して、仏像のことを訳文に挿入したのであろう。

『八千頌』サンスクリット本では、サダープラルディタが「東のほうへ行きなさい」という「空中の声」を聞いたあとで、どこまで行ったらよいかをその声に聞かなかったことを悔やみ、悩んでいるときに如来の姿が立ちあらわれて、五百ヨージャナ東へ行ったところにあるガンダヴァティー市のダルモードガタ菩薩のところへ行って教えを聞けと指示する。それを聞いたサダープラルディタは歓喜して数多くの瞑想に入る。『八千頌』サンスクリット本はここで六十二種の三昧の名を列挙するが、『道行般若経』はそれをあげないかわりに「見十方諸仏三昧を得た」とのみ書いているのである。もう一度はサダープラルディタがダルモードガタに会って、自分が如来の姿を見て瞑想に入った経験を報告するところに「悉見十方諸仏三昧を得た」の語が出るが、『八千頌』サンスクリット本では「私に多数の精神集中の門戸（三昧門）が顕現したのです」とある。もっとも、サンスクリット本でも、六十二種の三昧を列挙したあとで、サダープラルディタが「これらの精神集中の状態に入っているあいだに、十方の世界において菩薩大士たちのためにこの知恵の完成（般若波羅蜜）を説き明かしている、無量、無数の諸仏世尊にまみえたのである」という文章はあるし、またダルモードガタへその経験を報告するなかにも「私を十方の世界に在《おわ》します諸仏世尊が……励まし、ほめてくださいました」とある。けれども、瞑想において十方世界の諸仏を見た、ということをただちに悉見十方諸仏三昧、すなわち般舟三昧という名の三昧と同一視することはできないであろう。次節以下に述べるように、同じ光景は『八千頌』にしばしばあらわれるからである。むしろ、『八千頌』のこの記述をもとにして、のちに、般舟三昧という名が生まれ、『般舟三昧経』が書かれるようになった、と考えるほうが自然であるからである。

『八千頌』は現存サンスクリット本で三十二章（『道行般若経』で三十章）から成るが、その第二十八章「アヴァキールナ・クスマ如来」（『道行般若経』では「累教品第二十五」）に、ブッダが、知恵の完成を宣布し、永続させるために、この経をアーナンダに委託し、委嘱する記述がある。この委託は一つの経典の最後の章に出るのがふつうである。したがって『八千頌』はいったんここで完結し、それ以後の数章はのちになって追加され、そして第三十二章「委託」をあらためてもう一度つけ加えたものであろう。「サダープラルディタとダルモードガタ」の物語もその追加分のうちに入る。したがって『八千頌』の第二十八章までの成立は現存本よりもさらに古いことになる。またその古形の『八千頌』のなかでも、より早く成立した部分と比較的のちに成立した部分があるとも考えられる。第一章が最古の『般若経』であるとする説もあるが、干潟龍祥氏はそれに反対し、第一～二十八章（『道行般若経』の第一～二十五章）をひとまとめにして古形と考えておられる。もっとも、干潟氏はこの部分のうちでもアクショービヤ（阿閦《あしゅく》、不動）仏への言及はあとからの挿入と考えておられる。『八千頌』を通読してみると、第一章はもっとも哲学的に発展整備されていて、これが最古の部分であるとは考えにくい。またアクショービヤ仏への関説だけを古形から除くということもむずかしいとも思える。小さな部分を除き始めれば、ほかにも疑わしいところは多くあって、収拾がつかなくなるであろう。いまは第一〜二十八章が比較的古い部分である、と推定するにとどめておきたい。

さきに論じたように、「サダープラルディタとダルモードガタ」の部分（第三十〜三十一章）も仏像発生後の成立と断定はできない。そして第一〜二十八章の古形の部分はさらに時代を遡るから、仏像発生（後一世紀末葉）や『般舟三昧経』よりも前であろう。こうしてみると、『八千頌』の原形は西紀前後から後一世紀中葉までのあいだに成立した、と考えてよいのではなかろうか。

過去仏・現在仏・未来仏

サダープラルディタ菩薩の求道物語が『八千頌』にとり入れられた理由の一つは、この物語が般若波羅蜜（知恵の完成）の真理の普遍性と永遠性とを証明するという性格をもっていたからである。あるいは、そういう性格をこの物語に持たせようと経典の編集者が意図したからである、と思われる。無上にして完全なさとりをさとった仏陀になるために、サダープラルディタはひたむきに知恵の完成を追求する。その彼の前に姿をあらわした十方世界の諸仏はこういってサダープラルディタを讃嘆し、激励する。

良家の子よ、われわれもかつて菩薩の修行を行なっていたとき、まったく同じように知恵の完成をあまねくたずね求めたのである。あまねくたずね求めていたとき、いまお前が獲得したそれらの精神集中を獲得し、それらの精神集中を獲得したうえで、知恵の完成を会得し、仏陀の諸教法において、退転することのない状態に定着したのである。そのわれわれはこれらの精神集中の本質、本性を観察しているのであるから、精神集中にはいったり、出たりするもの、さとりに向かって追求するでもあろうもの、無上にして完全なさとりをさとるでもあろうもの、そのようなものを見出さないのである。良家の子よ、何かものとして妄想しないこと、それこそ知恵の完成であり、（何かものとして）妄想しない状態にとどまっているので、われわれはこのような金色の身体を獲得し、偉大な人物（大人）をあらわす三十二種の肉体上の特徴（相）、八十種のしるし（種好）、一尋《ひろ》の円光、無上にして不可思議な仏陀の知、仏陀の知恵、仏陀の無上の精神集中、すべての仏陀の徳性という功徳の完成を獲得したのである……良家の子よ、ダルモードガタ菩薩大士が、長いあいだ、お前を無上にして完全なさとりにおいて成熟させ、まもり、知恵の完成、巧みな手だて、仏陀の教えについて教育してきたのである。良家の子よ、彼がお前の守護者であり、善友である。お前は恩義を知り、恩義に感謝して、彼を恭敬し、彼の恩義を胆に銘ずべきである……それはなぜか。というのは、良家の子よ、お前はその良家の子（ダルモードガタ）の威神力の助けによってこのような精神集中を獲得し、知恵の完成と巧みな手だてを聞き、知恵の完成を獲得するからである（第三十章）。

般若波羅蜜という真理は唯一無上のものであって、過去、現在、未来の諸仏諸菩薩に共通したものである、ということ。そして、その真理を求めている自分は、実は長いあいだそれらの諸仏諸菩薩に護られ、導かれ、称讃されていたのだ、という確信、それは「般若経」のもっとも特色あるモチーフになっている。ここにある知恵の完成の世界が、過去、現在、未来の十方世界の諸仏の知恵の完成の世界と相映じ、互いに目撃し、確認し、讃嘆し、激励し合う。そこに知恵の完成の普遍性と永遠性が浮彫りにされてくる。知恵の完成を追求する菩薩の前に諸仏が姿をあらわすのはそのためである。それは仏像の発生という問題とのかかわり、というような美術史上の事件である前に、「般若経」の、ひいては大乗仏教の本質にかかわることがらであった。

『八千頌』第十九章「ガンガデーヴィー天女」のなかで、ブッダは菩薩大士がいかにして知恵の完成を追求すべきかを説き、荒野の菩薩を物語る。

菩薩大士は猛獣のいる荒野のまんなかに行っても、おそれ、おびえ、恐怖に陥ってはならない。それはなぜか。というのは、その菩薩大士は、あらゆる有情の利益のために自分のすべてを捨てなければならないからである。彼はこのように心を発《おこ》さねばならない。

「たとえ猛獣どもが私を食べようとも、彼らにその施物を与えることにしよう。私の施与の完成（布施波羅蜜）への道は成就に向かうであろう。そして、無上にして完全なさとりは私に近づくことになろう。私が無上にして完全なさとりをさとったときには、私の仏国土には、動物に属する有情は、どこにも、どんなものも、どんなあり方でも、けっして存在せず、知られないし、神々しい食物が享受できるようになるように、私はそうしたい」と。こうして菩薩大士は盗賊の出没する荒野、水の得られない荒野、食物のない荒野、疫病のはやる荒野のまんなかに行っても、おそれ、おびえ、恐怖に陥ってはならない。そのつど彼は真理に目覚める。「この世には実は病気によって害されるようなものは何もなく、病気と名づけられるものも何もないのだ」と空性を洞察するように。そして彼は、自分が無上にして完全なさとりをさとったときには、その仏国土に盗賊も、水や食物の欠如も、疫病もなくなるように、と誓い、偉大な甲冑に身を固めて、あらゆる有情のために施与、道徳、忍耐、努力、瞑想の完成、そして知恵の完成を追求する。

ブッダがこのように説いていたとき、その集会に加わってすわっていたガンガデーヴィー天女が立ち上がり、上衣で左の肩を覆い、右の膝頭を地につけて、世尊のおられるほうに合掌をさし向けてこう申しあげる。

「世尊よ、私はいまあなたが仰せられたような情況にあったとしても、おそれもせず、おびえも、恐怖に陥りもいたしません。おそれず、おびえずに、あらゆる有情のために教えを説きましょう」

そのとき、ブッダは黄金色の微笑を示す。その微笑は限りなく、はてのない、もろもろの世界に光輝をもってひろがり、ブラフマー神の世界にまで昇っていって、また帰ってきて、ブッダのまわりを三回右まわりにめぐり、ブッダの頭頂のなかに消え去った。それを見ていたガンガデーヴィー天女は黄金の花を手にとって、ブッダの上に撒き散らす。それらの黄金の花はどこにもくっつかないで、中空にとどまっていた。アーナンダの問いに答えてブッダはこのありさまを説明する。

「このガンガデーヴィー天女は、未来の世にスヴァルナプシュパ（金花）という名の、供養されるべき、完全なさとりを得た如来、神々と人間の教師、仏陀世尊として世にあらわれるであろう。ターラコーパマというカルパ（星喩劫《しょうゆごう》）に、無上にして完全なさとりをさとるであろう。このガンガデーヴィー天女は、女の身体を捨てて男の身体を得、この世で死んでからアクショービヤ（阿閦《あしゅく》、不動）如来のアビラティ（妙喜）世界に生まれるであろう。そこに生まれて、アクショービヤ如来のみもとで禁欲的修行を行なうであろう。そこで死んでからは、一つの仏国土からもう一つの仏国土へと移りかわって、如来にまみえることを欠かさないであろう。このガンガデーヴィー天女は仏国土から仏国土をへめぐり、無上にして完全なさとりをさとってしまわないかぎりは、仏陀たちと離れることはないであろう」

ブッダは彼女がスヴァルナプシュパ如来となるとき、その仏国土には猛獣のいる荒野、盗賊の出没する荒野、水の得られない荒野、疫病のはやる荒野、食物の得られない荒野などはけっして存在しないであろう、と予言する。さらに、アーナンダの問いに答えてガンガデーヴィー天女の過去の発心の物語を語る。

「このガンガデーヴィー天女は、供養されるべき、完全なさとりを得たディーパンカラ如来（燃灯仏）のみもとで、最初にさとりへの心を発《おこ》すという善根を植え、そして、それを無上にして完全なさとりに向けて廻向《えこう》したのである。また、無上にして完全なさとりにいたるという予言を得たいと望んだ彼女は、そのディーパンカラ如来の上に黄金の花を撒き散らしたのである。

私が五茎の蓮華をディーパンカラ如来の上に撒き散らし、そして、私が、ものは生じないという真理の受容（無生法忍）を得たときに、私はディーパンカラ如来によって、無上にして完全なさとりにいたると予言されたのである。『若者よ、お前は未来の世に、シャーキヤ・ムニという名の、供養されるべき、完全なさとりを得た如来となり、知識と行為の完全な、善く逝けるもの、世間を知れる無上のもの、教化されるべき人々の訓練者、神々と人間の教師、仏陀世尊となるであろう』と。そのとき、この天女は、私が予言されるのを聞いて、『ああ、この若者は、無上にして完全なさとりにいたると予言されたが、ちょうどそのように、私も、無上にして完全なさとりにいたると予言されたいものです』

という心を発《おこ》したのである。このように、この天女はディーパンカラ如来のみもとで、準備をなし終え、目的を遂げて、無上にして完全なさとりにいたると予言されたのである」（要旨）。

この物語には多くの要素がとりまとめられ、それらが「般若経」の真理によってみごとに統一されている。燃灯授記の物語は、さきにふれたように、菩薩のイメージの発生にとって重要なものであった。シャーキヤ・ムニについて語られていた燃灯授記物語が、ここではガンガデーヴィーすなわちスヴァルナプシュパという未来仏の上に二重に映し出される。そして、「般若経」とほぼ同時代に出現したと思われる、アクショービヤという東方の妙喜世界にいる現在仏の信仰が重ねられている。そして、過去のディーパンカラ、未来のスヴァルナプシュパ、現在のアクショービヤとシャーキヤ・ムニという諸仏がお互いに微笑をかわし、お互いに照らし合いながら、六波羅蜜、そしてとくに般若波羅蜜（知恵の完成）の真理と功徳を目撃し、確認しているのである。

アクショービヤ（阿閦）如来

『八千頌般若経』では古くから信仰されていたディーパンカラ（燃灯）仏やマイトレーヤ

（弥勒）菩薩、それから比較的新しく、おそらくは「般若経」とほぼ同時代に信仰されるようになったアクショービヤ（阿閦、不動）如来、アヴァキールナ・クスマ（散華）如来、ガンダハスティン（香象）菩薩などの現在仏、未来仏が、知恵の完成の真理性に対する証人として次々に登場する。アヴァキールナ・クスマ如来の話は『八千頌般若経』第二十八章の冒頭に出ている（『道行般若経』では第二十四章末、『小品般若経』でも第二十四章のなかに出る）。

ブッダが知恵の完成を説いているとき、神々がマンダーラや大マンダーラの花をもって近づいてきた。また、ちょうどそのときその集会にすわっていた六千人の比丘が立ち上がって、上衣で左の肩を覆い、右の膝頭を地面につけて、世尊のおられるほうに合掌をさし向けて礼拝した。すると、ブッダの威神力によって、彼ら比丘たちの合掌してさしのべた両手は、マンダーラと大マンダーラの花で満たされた。彼らはその花をブッダの上に撒きかけてから、「世尊よ、私たちはこの知恵の完成への道を追求するでしょう。世尊よ、私たちは無上なるこの知恵の完成の暮らしによって暮らすでしょう」と申しあげる。すると世尊は微笑する。多様な色彩の光が世尊の口から放たれ、限りないもろもろの世界を照らし、ブラフマー神の世界にまで昇り、また帰ってきて世尊のまわりを三たび右まわりにめぐって、その頭頂のなかに消える。ブッダはいわれもなく微笑を示さないが、いまの世尊の微笑はどういう意味をもつのですか、と問うアーナンダに、ブッダは説明する。

「これら六千人の比丘たちは、未来の世、ターラコーパマというカルパ（星喩劫）において、無上にして完全なさとりをさとり、さとったうえで、有情たちのために教えを説くであろう。彼らはすべて、同一の名前、アヴァキールナ・クスマという名の如来となろう。すべてのアヴァキールナ・クスマ如来は等しい数の弟子の集団をもち、二万カルパという等しい長さの寿命をもち、彼らの教えも等しく二万カルパのあいだ存続するであろう。彼らはどの村、街、都、国から出て行こうとも、どこへ到着しようとも、きたり、行ったり、逗留したりしている彼らにはつねに五色の花の雨が降りかかるであろう」

ついで、ブッダはアーナンダに知恵の完成の教えを委託し、三千大千世界にいるすべての有情を阿羅漢たらしめるよりも、一日、半日、いや一秒、一瞬のあいだでもこの知恵の完成を人々に説くほうがもっと福徳が多い、と教える。

そこでブッダは神通を遂行する。その集会に集まっていたすべてのものたちの目に、アクショービヤ如来が、大海のように深奥で、魔によって乱されない不動の集会において、不思議な徳性を具備した菩薩大士たちや、煩悩を去り、なすべきことをなし終え、心の解放された比丘たちにとりまかれて教えを説いているありさまが見えてくる。

ブッダがその神通を収めると、かのアクショービヤ如来はもはや見られなかった。その仏国土も、菩薩大士たちも、偉大な声聞たち、比丘、比丘尼、在家の男信徒、女信徒、神々その他もろもろの住民たちの姿も、もはや見られなくなる。そしてブッダは説く。「ちょうどこのように、あらゆるものも視界にはいらない。ものはものの視界にはいらず、ものはものを見ず、ものはものを知らないのである……幻の人に喩えられるようなあらゆるものは思議されない」と。

ブッダは同じ集会にいたスブーティの質問に答えて、無尽なる知恵の完成を説き、くわしく縁起（依存性）と空の真理を明かしてのち、いう。

「スブーティよ、菩薩大士が無尽をさとることによってこの知恵の完成をさとり、依存性（縁起）を観察しているとき、スブーティよ、そのとき、菩薩大士は物質的存在を見ず、感覚、表象、意欲、思惟を見ない。無知（無明）を見ず、同じく、意欲（行）、意識（識）、物質的・精神的存在（名色《みょうしき》）、六種の認識の場（六処）、接触（触）、感受（受）、渇愛（愛）、執着（取）、生存、出生・老・病・死・憂い・悲しみ・苦しみ・悩み・心乱れるもの（生・老・病・死・憂・悲・苦・悩・愁）を見ないのである。これは仏国土である、と見ず、これは別の仏国土である、とも見ず、それによってこれや別の仏国土を見る作用であるものをも見ないのである。スブーティよ、これこそ菩薩大士たちにとっての知恵の完成である」（要旨）。

私が注目したいのは、この『八千頌』第二十八章におけるアクショービヤ仏のあらわれ方であり、それが、第三十、三十一章の「サダープラルディタとダルモードガタ」の物語における十方諸仏のあらわれ方と同じ役割と意味をもっているという事実である。第三十章において、目の前にあらわれた如来にガンダヴァティー市のダルモードガタ菩薩のことを教えられたサダープラルディタは六十二種の瞑想に入る。その瞑想に入っているあいだに、彼は、「十方の世界において菩薩大士たちのためにこの知恵の完成を説き明かしている、無量、無数の諸仏世尊にまみえたのである」。それらの如来たちはサダープラルディタを励ましたうえで消え去り、彼は瞑想から立ち帰る。立ち帰ったとき、彼は「これらの如来たちはどこからこられ、これらの如来たちはどこへ去られたのであろうか」と疑い、煩悶と切望にかられる。のちに思いを遂げてダルモードガタに会ったとき、サダープラルディタは自分の経験を報告し、「それゆえ、私はあなたに、これらの如来たちはどこからこられ、これらの如来たちはどこへ行かれたか、をおたずねいたします。私どもがそれらの如来の去来の意味を知り、如来にまみえることから離れないものとなるために、私にそれらの如来の去来についてご教示ください」と願う。この消えた如来の去来を問うたのに対して、ダルモードガタは幻を説き、夢を説き、不去不来の縁起を説き、空性を説くのである（第三十一章）。

忽然とあらわれる如来、その如来の消え去ったことを手がかりとして展開される縁起と空性の哲学。それはサダープラルディタの物語にも、アクショービヤの物語にも共通しているのである。そしてそこで展開される哲学が「般若経」の核心をなす縁起――空の理論であることも両者に共通している。その哲学については後章で詳述するから、ここではふれない。いまは、諸仏の出現と消滅ということが『八千頌般若経』に偶然に記されたのでも、後代に挿入されたのでもないことを指摘しておきたい。それどころか、それは『八千頌』の主題となっているのである。

『八千頌』ではアクショービヤ如来はもう一度あらわれる。第二十七章である。ここでブッダは知恵の完成を追求している菩薩大士にはすべての神々が礼拝し、加護を与え、すべての如来たちが彼を見まもり、助けることを述べる。そしてブッダはいう。

「たとえば、スブーティよ、私はいま、ラトナケートゥ（宝幢《ほうどう》）菩薩大士、シキン（尸《し》棄《き》）菩薩大士、および、現在、供養されるべき、完全なさとりを得たアクショービヤ（不動）如来のもとで禁欲的修行を行なっている他の菩薩大士たちの名前、氏姓、力、色、形を大いにほめたたえながら、教えを説き、おのずから湧き出る感嘆の声をあげているが、ちょうどそのように、スブーティよ、それらの諸仏世尊も、現在、私のこの仏国土で禁欲的修行を行ない、この知恵の完成の暮らしによって暮らしている菩薩大士たち、それら菩薩大士たちの名前、氏姓、力、色、形を大いにほめたたえながら、教えを説き、おのずから湧き出る感嘆の声をあげているのである」

　ここにも、仏と仏が照らし合い、菩薩と菩薩が確認しあいながら、知恵の完成を証明する世界がある。このように、過去、現在、未来の諸仏菩薩は知恵の完成の証人として、また知恵の完成の哲学の手がかりとして「般若経」のなかに立ちあらわれる。

　アクショービヤ如来が重要な、そして必然的な役割をもって『八千頌般若経』に登場することは右に述べたとおりである。このアクショービヤ如来が菩薩であったとき、いかなる有情に対しても瞋恚《しんい》の心を起こすことなく、全知者性（一切智）を得て仏陀となろうと誓い、不動の決心をつらぬいて修行し、ついに成仏してその美しい仏国土を建設し、現在、東方アビラティ（妙喜）世界において教えを説いていることを記した『阿閦仏国経《あしゅくぶっこくきょう》』は、『道行般若経』と同じ訳者、支婁迦讖によって漢訳された。この『阿閦仏国経』は空性の思想をもち、六波羅蜜のうちとくに般若波羅蜜を強調し、声聞・独覚の階位を批判し、仏塔供養への批判と、経巻の書写、法師への献身を説き、菩薩が偉大な甲冑に身を固めるという表現があり、善根を無上にして完全なさとりへ廻向する思想をもつなど、『八千頌般若経』と共通するものをもっている。ただそれらの思想がいずれも『八千頌』におけるよりもはるかに素朴な段階にある。自覚的な大乗仏教経典として『八千頌』には「大乗」の語があり、「すべてのものは生じない、という真理の容認」（無生法忍）が説かれ、迷いの世界とさとりの世界の不二、不可分性が明らかにされ、すべてのものが認識されず、本来清浄であることが強調されているが、これらの思想は『阿閦仏国経』には存在しない。それらの理由から、『阿閦仏国経』は『八千頌』よりも早く成立し、後者は前者より阿閦（アクショービヤ）信仰を引き継いだ、とする意見が学界には強い。しかし、『八千頌』のほうが早く成立し、そこにあらわれるアクショービヤ如来への言及は、阿閦信仰が出てきたのちになって『八千頌』にあとから挿入されたものだ、とする見解をもつ学者も一方にはいる。私としては、さきにも述べたとおり、アクショービヤの『八千頌』における役割が重要で必然的である以上、それがのちに挿入されたとは考えにくい。けれども『八千頌』の特色ある思想のいくつか、とくに般若波羅蜜（知恵の完成）の強調や廻向の思想の存在などは、『八千頌』がこの『阿閦仏国経』に与えた影響ではないか、とも考えられる。『阿閦仏国経』自体が『八千頌』よりさきに成立したかどうかは決定できないが、アクショービヤ信仰そのものは『八千頌』の成立したときにはすでに存在したにちがいない。

アクショービヤ信仰が『八千頌般若経』と親近なものであったことは確かであるが、アクショービヤと同じくらいに古い成立であるとされている阿弥陀仏（アミターユス、アミターバ）と、その極楽国土（スカーヴァティー）は『八千頌』には一度も言及されていない。阿弥陀仏とその極楽国土を主題としている最古の経典は『大阿弥陀経』で、ふつうは二二二〜二五三年のあいだに支謙が漢訳したとされる。しかしこの経典は『阿閦仏国経』と並ぶ古い成立のもので、学界では両経の成立の先後が論争され、決着がついていない。阿弥陀仏とその極楽はすでに支婁迦讖訳の『般舟三昧経《はんじゅざんまいきょう》』にも言及されているから、阿弥陀信仰も阿閦信仰に劣らず、古く成立していたであろう。しかし、さきに述べたように、『般舟三昧経』が『八千頌』より古いとはけっして断定できないし、阿弥陀仏は『八千頌』にあらわれないから、『大阿弥陀経』と『八千頌』の先後を論ずることは、われわれにとってあまり意味がない。

最近わが国の学界では『阿閦仏国経』『大阿弥陀経』その他いくつかの小経を『八千頌般若経』より先行するものとする論議が盛んである。とくに静谷正雄氏は、それらを「原始大乗経典」と呼び、『八千頌般若経』以後の「初期大乗経典」と区別しておられる。思想的に素朴な経典がつねに思想的にすぐれた経典に先行するとはかぎらないし、原始と初期とを画然と区別する必然性もないように思う。しかし、「大乗」ということばがはっきりと用いられ、同時に六波羅蜜そのものよりも般若波羅蜜を重要視するところに、真の大乗が始まったのであり、それは『八千頌般若経』からである、という静谷氏の見解は傾聴すべきであり、反論の余地のないものと思う。

哲人マイトレーヤ（弥勒）

マイトレーヤ（弥勒）菩薩の信仰は過去仏の信仰と同じように古いもので、パーリ仏典にもよく知られており、保守的な上座部系の諸部派もマイトレーヤの存在を是認していた。マイトレーヤは現在トゥシタ（兜率《とそつ》）天にいて神々に教えを説いているが、五十六億七千万年後、転輪聖王シャンカが世を治めるときにこの世界に下生《げしょう》し、ナーガ（龍華）樹の下で成道して仏陀となる、とシャーキヤ・ムニに予言されている。『八千頌般若経』ではマイトレーヤ菩薩はブッダが知恵の完成を説いている集会にしばしばあらわれる。『八千頌』ではスブーティ（須菩提）が集会を代表してブッダに質問し、ときにはブッダの加護力の下にブッダにかわって法を説くのがつねであるが、マイトレーヤはスブーティのよき対話者であり、空の哲学の体現者としてすぐれた発言をする。

マイトレーヤは未来仏であるから、知恵の完成の証人として現在仏であるアクショービヤ如来などと同じ役割を果たしている。たとえば『八千頌』第八章の末尾では、神々の主シャクラ（帝釈天）やブラフマー神（梵天）をはじめ三千大千世界のすべての神々が集会に参加しにくるが、彼らの目に千の仏国土があらわれる。その千人の仏陀たちの国々では、ちょうどこの地上のシャーキヤ・ムニの集会におけると同じように、スブーティという名前の比丘たちが、まさに同じ名前、同じ文章、同じ文字で、同じ知恵の完成の同じ「清浄」という一章を説いていたし、シャクラたちが同じ質問を提出してもいた。この地上のラージャグリハ市のグリドゥラクータ山（霊鷲山《りょうじゅせん》）で知恵の完成が説かれているのと同じ光景が千の仏国土においても同時に起こっている、というのである。このことが記されたすぐあとに、第八章の終わりから第九章にかけて次のような記述がある。

またマイトレーヤ菩薩大士は未来に無上にして完全なさとりをさとったのちに、地上のこの同じ場所で、この同じ知恵の完成を説くであろう。スブーティは質問する。「世尊よ、知恵の完成と申しましても、これは名前にすぎません。この知恵の完成というものも実在もしないし、認識もされません。ですから、どういうわけでマイトレーヤ菩薩大士は無上にして完全なさとりをさとられたのち、この同じ名前、この同じ文章、この同じ文字によって、地上のこの同じ場所で知恵の完成をお話しになるのでしょうか」。世尊は答える。「マイトレーヤ菩薩大士はすべてのものが固定した本体をもたず、恒常でもなく無常でもなく、束縛されても解放されてもいないで、本来、絶対的に清浄であるとさとるであろう。こういうわけで、スブーティよ、マイトレーヤ菩薩大士はこの同じ知恵の完成を語るであろう」（要旨）。

ここにあらわれる「ものは、本体がないから、空である。それがものが絶対的に清浄であるということだ」という思想は「般若経」の空の哲学の極意である。マイトレーヤが未来に仏陀になるのは、その極意をさとるからであり、だから彼は実在もせず、認識もされず、説くこともできない知恵の完成を説くのである、といっているのである。マイトレーヤは知恵の完成の証人ではあるが、その証言はきわめて哲学的である。

第十九章でスブーティは縁起を説き、空を説くが、シャーリプトラ（舎利弗《しゃりほつ》）はなかなかそれを理解しない。

スブーティはシャーリプトラに言う。「シャーリプトラ長老よ、ここにマイトレーヤ菩薩大士が面前におられます。このかたは如来によって無上にして完全なさとりにいたると予言されています。このかたはその問題の意味を身をもって体験されたのです。このかたに尋ねなさい。このかたはその問題にお答えくださるでしょう」と。シャーリプトラはマイトレーヤに向かって、「アジタ（マイトレーヤの異名）長老よ、この問題にお答えください」と頼む。マイトレーヤはシャーリプトラの質問には直接には答えないで、スブーティにむかっていう。

「スブーティ長老が、『ここにマイトレーヤ菩薩大士がいる。この人がその問題に答えるでしょう』と言うとき、スブーティ長老よ、マイトレーヤというのは呼び名にすぎないが、この呼び名がこの問題に答えるのでしょうか。それともその物質的存在（すなわち身体）が答えるのでしょうか。それとも、感覚、表象、意欲が、または思惟が答えるのでしょうか。あるいは色が答えるのでしょうか。それとも形が答えるのでしょうか。あるいは物質的存在の空性なるもの、それが答えるのでしょうか。同様に感覚、表象、意欲、そして思惟の空性なるもの、それが答えるのでしょうか。けれども、スブーティ長老よ、物質的存在の空性なるもの、それが答えることはできません。同様に感覚、表象、意欲の、そして実に、スブーティ長老よ、思惟の空性なるもの、それが答えることはできません。スブーティ長老よ、私は答えることのできる、そういう事物を見出しません。また、答えられねばならぬ、そういう事物をも私は見出しません。さらに、それを用いて人が答える、そういう事物をも私は見出しません。さらに、無上にして完全なさとりにいたると予言されたという、そういう事物をも私は見出しません」

シャーリプトラはマイトレーヤに「あなたがいま語っているそれらのものをあなたはまのあたりに見ておられますか」と尋ねるのに対して、マイトレーヤはいう。「シャーリプトラ長老よ、私がことばで語っているそのような仕方で、それらのものを私がまのあたりに見ているわけではないのです。シャーリプトラ長老よ、私がことばで語り、心で考えるそのような仕方でも、私はそれらのものを知らず、認識せず、見出しはしないのです。かえって、身体で触れえず、ことばで語りえず、心で考えられない、そういう本性をすべてのものはもっているのです。それらには本体がないという理由で」（要旨）。

この逆説に満ちた表現、この深い哲学の展開は「般若経」のドラマにおける最高の場面の一つであるといってよい。未来仏マイトレーヤは、このようにすでに奥義を得た哲人として

『八千頌般若経』にとり入れられ、活躍させせられているのである。

「般若経」の発展

『八千頌般若経』（Aṣṭasāhasrikā-prajñā-pāramitā-sūtra）というときの「頌」という語は、本来は、サンスクリット詩型の一つで、四句三十二音節からなる「シュローカ」のことであるが、ここでは、それが散文経典の大きさをはかるための長さの単位として使われている。したがって、「八千頌よりなる般若経」とは「三十二音節の八千倍の長さの般若経」という意味である。もっとも、サンスクリットの原題ではシュローカという字そのものはあらわれず、「八千よりなる」という表現（aṣṭasāhasrikā）にそれが含意されている。現存サンスクリット本では三十二章に分けられている。

「般若経」はくわしくは「般若波羅蜜多経」というべきで、般若波羅蜜多または般若波羅蜜（prajñā-pāramitā）の般若（prajñā）は「知恵」を、波羅蜜（多）（pāramitā）は「完成、極致」をあらわすから、般若波羅蜜（多）は「知恵の完成」を意味する。大乗菩薩の修道徳目として六種の波羅蜜、すなわち、布施・持戒・忍辱・精進・禅定・知恵の六種の完成が説かれるが、その第六が「知恵の完成」つまり「般若波羅蜜（多）」である。したがって、『八千頌般若経』とは「八千シュローカの長さの、知恵の完成に関する経典」という意味である。

パーラミター（pāramitā）は「最高の」を意味する形容詞 parama から派生する語 pārami- に状態をあらわす接尾辞 tā が加わってできた抽象名詞で、「極致、完成」を意味する。しかし他方、教義的な語義解釈としては「向こう岸に行くこと、行った状態」とするものもある。これは、「向こう岸」を意味する名詞 pāra の目的格 pāram に「行く」という語根 i をつらねて「向こう岸に行くもの」pāramit という名詞を作り、文法規則によって最後の t を省き、接尾辞 tā を加えて pāramitā という複合語ができる、と解釈するのである。語学的には前の解釈のほうが妥当であるが、後者の教義的哲学的な解釈も広く行なわれている。『現観荘厳光明なる八千頌般若経注』を書いたハリバドラも後者に相当する解釈をあたえているうえに、パーラミターのチベット訳 pha rol tu phyin pa（パロルドゥチンパ）や漢訳にある「度彼岸」とか「明度」なども後者の語義解釈に従った訳語である。もっとも、この解釈における「彼岸」とは「涅槃」「さとり」のことでもあるが、また、ハリバドラは「彼岸」とは「卓越の極致」のことだともいっているので、その場合「卓越の極致に行くこと」はけっきょく「完成」を意味することになるといえる。

『八千頌般若経』は後一七九年に支婁迦讖《しるかせん》によって『道行般若経』（「大正大蔵経」第八巻二二四号）の名で漢訳されたのをはじめとして、支謙訳『大明度無極経』（二二五～二五七年。「大正大蔵経」第八巻二二五号）、曇摩蜱《どんまひ》、竺仏念共訳『摩訶般若鈔経』（三八二年。「大

正大蔵経」第八巻二二六号）、鳩摩羅什訳『小品般若波羅蜜経』（四〇八年。「大正大蔵経」

第八巻二二七号）、玄奘訳『大般若波羅蜜多経』第四会（六六〇～六六三年。「大正大蔵経」

第七巻二二〇号）、施護訳『仏母出生三法蔵般若波羅蜜多経』（九八〇年以降。「大正大蔵経」第八巻二二八号）というように続々と改訳されている。

このように何度も漢訳がくりかえされたということは、もとより中国仏教自体の発展によって古い漢訳に満足できなくなっていったという事情もあるが、他方で、『八千頌般若経』のサンスクリット原本そのものが時代とともにしだいに増広され、変容もしていったために、古訳は新来のサンスクリット本と一致しなくなったという理由もあったのである。だから、『八千頌般若経』がもっとも古い般若経であるということは、現存サンスクリット本そのものがもっとも古いということではもちろんない。最初期の『八千頌般若経』は最古の漢訳である『道行般若経』に相当するものであったであろう。さきにふれたように、『道行般若経』よりももっと古くて簡潔ないわば『八千頌般若経』の原形とでもいうテキストを想定することもできないわけではない。しかしその試みは客観的な裏付けの困難な、あくまで推定にとどまる。

『八千頌般若経』の現存サンスクリット本は施護訳と形式、内容ともによく一致している。施護は北インドの人で、九八〇年に中国に到着した。一方、ハリバドラが『八千頌般若経』に注釈を書いたときには現存サンスクリット本を使用したことは十分に確かめられる。彼がこの注釈を書いたのが八〇〇年ころであることは別の史料からかなり確実に知られる。現存サンスクリット本は鳩摩羅什訳や玄奘訳にも存在しない内容をときとして含んでいる。以上のことを考えあわせると、現存サンスクリット本は玄奘がインドから中国に帰った六四五年から八〇〇年ころのあいだに現形を得たテキストであるといえる。チベット訳は漢訳よりもさらに原典に忠実な翻訳であるけれども、翻訳年代は漢訳に比してはるかに後代で、十一世紀であると思われるから、『八千頌般若経』の原形推定やその歴史の資料としては参考にならない。

『八千頌』の成立については、さきに考察したように、西紀前後から一世紀中葉までのあいだという年代が考えられるが、成立地域についても種々の見解がある。『八千頌』の第十章をはじめ、各種の「般若経」のなかに、「般若経」の地域的な流伝の次第が記されている。サンスクリット本およびチベット訳の『八千頌』には、ブッダの滅後、「般若経」は南方に伝わり、ついで東方を経て北方にいたり、そこで広まる、と書かれている。この記述には異同が多く、支婁迦讖訳、鳩摩羅什訳、施護訳では南→西→北とあり、玄奘訳では東南→南→西南→西北→北→東北と伝わるとされていて、まちまちである。しかし、「般若経」が南インドで成立し、しだいに北インドに伝わったというかぎりのことは諸本から推定できる。この記述は「般若経」の発生地を指示するものとして、古代においても、また現代の学者たちのあいだでも重視されてきた。

仏教教団の根本分裂以後、大衆部の主力はしだいに南下して、南インドのキストナー河（クリシュナー河と同一）流域のアンドラ王国に地盤を築き、いくつかの支派を発展させた。この大衆部系諸部派の説くところがのちの大乗仏教の教義に比較的近いものをもっていたことや、彼ら（東山住部と西山住部）がプラークリット（中期インド俗語）で「般若経」に相当する経典をもっていたらしく、それがのちにサンスクリット本の「般若経」の発展を促したと想像されること、また「般若経」の思想を継承して大乗仏教哲学の基礎を確立したナーガールジュナ（龍樹）が同じアンドラ王国で活躍したことを思いあわせると、「般若経」が南インドに起源したという想定が可能になる。しかし、大衆部と大乗仏教との関係は、間接的にはともかく、直接的に文献のうえで確かめられるわけではない。「般若経」のなかには上座部系の部派の学説もかなり吸収されている。したがって「般若経」南インド起源説も確実とはいえない。しかし、文妻迦讖が中央アジアの人であることからも推定されるように、どこに起源したかは別として、西紀後数世紀間には「般若経」は西北インドに流布していたと思われ、この点については疑う必要はないであろう。

『八千頌般若経』がいわば「般若経」の基本形として成立したのちに、次から次へと類似の「般若経」が作成されるようになり、何世紀かののちにはきわめて多数の「般若経」群ができあがった。干潟龍祥氏は比較的重要な「般若経」として二十七経を数えている。イギリスの「般若経」研究者E・コンゼは、さらに後代に密教の影響のもとに成立した呪文（陀羅《ダーラ》尼《ニー》）、儀式規則（儀軌）をも含めて、合計四十の「般若経」を列挙している。これらを形式のうえから分類すると次の四種となる。

㈠基本般若経――『八千頌般若経』。西紀前後～五〇年ころ。

㈡拡大般若経――『十万頌般若経』『二万五千頌般若経』『一万八千頌般若経』など。㈠の実質的内容はあまり変えないで、文章を敷衍増広して長大化したもの。後一〇〇～三〇〇年ころ。

㈢個別的般若経――『金剛般若経』『善勇猛《ぜんゆうみょう》般若経』『般若心経』など。㈠、㈡と形式のうえで関係をもたないもので比較的短い経典。後三〇〇～五〇〇年ころ。

㈣密教的般若経――『理趣経』その他。後六〇〇～一二〇〇年ころ。

ここに付記した年代はほぼコンゼによっている（ただし、コンゼは、㈠の年代を前一〇〇～後一〇〇年とする）。一つの目安にはなるが、問題がないわけではない。その一つは『金剛般若経』の年代である。インド哲学史家中村元氏は、この経典が空の思想を説きながら「空」（śūnya）という語を用いず、「小乗」に対する「大乗」の語も使っていないなどの多くの理由をあげて、おそらく西紀一五〇年か二〇〇年ころには成立していたであろう、といっておられる（岩波文庫『般若心経・金剛般若経』解題）。静谷正雄氏もほぼ同じ理由から、この経典を氏のいわゆる「原始大乗」の経典としておられるが、年代については明言しておられない。いずれにしても、『金剛般若経』は『八千頌般若経』と年代の先後を争うほどに古い成立のものであるかもしれない。ただ、現存する漢訳は四〇二年の鳩摩羅什訳が最古のものであるので、年代決定の決め手がない。

『金剛般若経』の問題、したがって個々の「般若経」の年代の確度はともかくとして、前記の四種の「般若経」群が一般的にいって排列の順序に従って成立したということは、今日の学界の通説として定着したように思われる。しかし、㈠と㈡のいずれが先行するかについては、ほぼ半世紀にわたって現代の学者のあいだで論争がくりかえされてきた。古代のインドや中国の学僧たちは、『十万頌』『二万五千頌』などの大部の「般若経」がさきに成立し、それを要約して『八千頌』ができあがった、と考えていたように思われる。ハリバドラは、もっとも詳細な説明を望む人々のために『十万頌』が説かれ、すべての教義の説明をまって理解し、中間の長さを好む人々のために『二万五千頌』が、すべての教義の要約によって理解し理解でき、簡潔さを選ぶ人々のために『八千頌』が説かれた、という意味のことを語っている。ディグナーガ(陳那。四八〇～五四〇)も『般若経の要義』第七頌において、『八千頌』は『十万頌』に説かれた内容を欠減していない、という意味のことをいっている。朱子行(二〇三～二八二)は『道行般若経』が意を尽くさないのは、それがもっと大部の「般若経」の抄訳であるからだ、と考えていた。これらの古代の仏教家のことばは、受けとり方によっては、『八千頌』は『十万頌』や『二万五千頌』の要約であることを示しているように見える。近代では一時、干潟博士が『十万頌』原形説を主張しておられたが、のち自説を訂正するにいたった。先駆的なインド学者ヴィンテルニッツをはじめとして、『八千頌』のほうがより大部の「般若経」より古いとする意見が次第に多くなり、現代ではコンゼ、梶芳光運、干潟龍祥、ヴァイディヤ（インド）などの権威ある諸学者が『八千頌』原形説を確認するにいたっている。

各種の「般若経」はそのほとんどすべてが漢訳されている。しかも重要なものは数回も漢訳が重ねられている。サンスクリット原典の現存しているものは比較的少ないが、漢訳、チベット訳、中央アジア諸言語訳の断簡を列挙すれば膨大な数になってくる。それに注釈、校訂出版、現代語訳、研究書などをつけ加えれば、そのビブリオグラフィーだけで一冊の書物を書かねばならない。E. Conze, The Prajñāpāramitā Literature (Mouton & Co., 'S-Gravenhage, 1960) は実はまさしくその種の本である。詳細を望まれる方には右のコンゼの著書を見ていただくことにして、ここでは玄奘訳『大般若波羅蜜多経』に含まれる十六経と、それに相当する単行の異訳経典とその訳者をあげ、サンスクリット本の出版されているものについてはその名を付記した表をかかげておく。玄奘訳の十六経は「会」と呼ばれている。会は会座つまり集会の意であるが、そこで説かれた経典をも意味する。『大般若波羅蜜多経』は当時知られていた諸「般若経」を集大成して漢訳したもので、いわば般若経全書

といえよう。（左表にあるPPSはPrajñā-pāramitā sūtraの略号である）

（会）◇（巻）◇（梵名、異訳名）◇（異訳者名）

第一会◇1〜400◇十万頌般若Śatasāhasrikā-PPS

第二会◇401〜478　◇二万五千頌般若Pañcaviṃśatisāhasrikā-PPS

◇『放光般若経』二十巻　◇西晋　無羅叉

◇『光讃経』十巻◇西晋　竺法護

◇『摩訶般若波羅蜜経』（『大品』）二十七巻　◇後秦　◇鳩摩羅什

第三会◇479〜537　◇一万八千頌般若Aṣṭādaśasāhasrikā-PPS

第四会◇538〜555　◇八千頌般若Aṣṭasāhasrikā-PPS

◇『道行般若経』十巻　◇後漢　◇支婁迦讖

◇『大明度無極経』六巻　◇呉　◇支謙

◇『摩訶般若鈔経』五巻　◇前秦　◇竺仏念曇摩蜱共訳

◇『小品般若波羅蜜経』十巻　◇後秦　◇鳩摩羅什

◇『仏母出生三法蔵般若波羅蜜多経』二十五巻　◇宋　◇施護

第五会◇556〜565　◇

第六会◇566〜573　◇『勝天王般若波羅蜜経』七巻　◇陳　◇月婆首那

第七会◇574～575　◇七百頌般若 Saptaśatikā-PPS
◇『文殊師利所説摩訶般若波羅蜜経』　◇梁　◇曼陀羅仙
◇『文殊師利所説般若波羅蜜経』　◇梁　◇僧伽婆羅
第八会◇576　◇『濡首菩薩無上清浄分衛経』　◇梁　◇翔公
第九会◇577　◇金剛般若 Vajracchedikā-PPS
◇『金剛般若波羅蜜経』　◇後秦　◇鳩摩羅什
◇『金剛般若波羅蜜経』　◇元魏　◇菩提流支
◇『金剛般若波羅蜜経』　◇陳　◇真諦
◇『金剛能断般若波羅蜜経』　◇隋　◇笈多
◇『能断金剛般若波羅蜜経』　◇唐　◇義浄
第十会◇578　◇般若理趣 Adhyardhaśatikā-PPS または Naya-PPS
◇『実相般若波羅蜜経』一巻　◇唐　◇菩提流支
◇『金剛頂瑜伽理趣般若経』一巻　◇唐　◇金剛智
◇『大楽金剛不空真実三摩耶経』一巻　◇唐　◇不空
◇『偏照般若波羅蜜経』一巻　◇宋　◇施護
◇『最上根本大楽不空三昧大教王経』七巻　◇宋　◇法賢
第十一会　◇579～583　◇（布施波羅蜜多分）

第十二会　◇584〜588　◇（浄戒波羅蜜多分）
第十三会　◇589　◇（安忍波羅蜜多分）
第十四会　◇590　◇（精進波羅蜜多分）
第十五会　◇591〜592　◇（静慮波羅蜜多分）
第十六会　◇593〜600　◇善勇猛般若 Suvikrāntavikrāmi-paripṛcchā-PPS

右のうち『十万頌般若』と『二万五千頌般若』のサンスクリット校訂本は、第一章が出版されているだけで未完である。『一万八千頌般若』のサンスクリット校訂と英訳は、現在コンゼの手で進行中で、いままでに二冊出版された。この写本も一部発見されただけで完本ではない。

『大般若波羅蜜多経』に含まれていない「般若経」も多数あるが、そのうちとくに重要なものの二つをあげる。いずれもサンスクリット本が得られる。漢訳はすべて一巻である。

般若心経 Prajñā-pāramitā-hṛdaya-sūtra
『摩訶般若波羅蜜多大明呪経』◇後秦　◇鳩摩羅什
『般若波羅蜜多心経』◇唐　◇玄奘
『普遍智蔵般若波羅蜜多心経』◇唐　◇法月重

『般若波羅蜜多心経』◇唐　◇般若利言共訳
『般若波羅蜜多心経』◇唐　◇智慧輪
『般若波羅蜜多心経』◇唐　◇法成
『聖仏母般若波羅蜜多経』　◇唐　◇施護
宝徳蔵般若 Ratnaguṇa-saṃcaya-gāthā
『仏母宝徳蔵般若波羅蜜経』三巻　◇宋　◇法賢

注釈書、研究書、現代語訳など、いうべきことは多いが、枚挙にいとまがないので割愛せざるをえない。各種「般若経」の和訳で筆者が参考にしたものは巻末にかかげることにする。

第四章　「般若経」の思想(1)

仏母の発見

「般若経」が成立してくる時代には、もっとも近い過去にあらわれたブッダであるシャーキヤ・ムニをはじめとして過去の諸仏の遺骨を祭るストゥーパ信仰はいよいよ盛んになっていた。同時にアクショービヤ（阿閦）をはじめとする現在諸仏、マイトレーヤ（弥勒）をはじめとする未来諸仏の信仰も十分に成長していた。さらに、さきにつぶさに述べたように、夢のなか、幻のなか、そして瞑想のなかで現在十方の諸仏にまみえ、励まされる体験をもつ求道者の数もふえてきていた。いわば、人々が、なんとかしていま一度仏陀に会い、その教えを受け、苦難と迷いとから救われようと、命がけで祈っていた時代であった。いままでは禁忌とされていた仏陀の像を彫ったり、画いたりせざるを得なくなるのも、もうまもないときであった。

「般若経」そして大乗仏教一般も、もちろん、こうした時代の要求を敏感に反映して育ってくる。けれども「般若経」はその「仏陀に会う願い」をそのまま肯定しはしなかった。民衆のその素朴な願いを一度きびしく拒否し、それを超越し、より次元の高い「仏陀」を人々に教えようとしたのである。その次元の高い仏陀とは、諸仏を産む母であり、諸仏の身体ひいては遺骨——サンスクリット語では身体と遺骨は同じシャリーラ（舎利）という語であらわされる——のなかにある全知者性（一切智）という本質、いいかえれば「知恵の完成」というさとりの境地そのもののことであった。その仏陀の本質こそがほんとうの意味での仏陀崇拝の対象たるべきものであり、ストゥーパや遺骨という、仏陀の本質の容器に対する崇拝はあくまでも二次的なもの、外形的なものである、と『八千頌般若経』は説いたのである。『八千頌』はストゥーパ崇拝に対して批判を加える。

『八千頌』第三章に神々の主シャクラ（帝釈天。カウシカとも呼ばれる）とブッダとの問答がある。

「世尊よ、良家の男子にせよ女子にせよ、この知恵の完成を書きしるし、書物のかたちにして安置するといたしましょう。さらに、それに神々《こうごう》しい花、薫香、香料、花環、塗香、粉香、衣服、傘、幢《はたぼこ》、鈴、旗を供え、また周辺にも灯明や花環を供え、種々の供養の仕方をもって恭敬し、尊重し、奉仕し、供養し、讃嘆し、祈願するといたしましょう。他方で、他の人が、供養されるべき、完全にさとった如来が完全に涅槃したときに、その遺骨をストゥーパのなかに安置し、自分のものとして（世話をし、長く）保存するといたしましょう。また、それに神々しい花、薫香、香料、花環、塗香、粉香、衣服、傘、幢、鈴、旗を供え、また周辺にも灯明や花環を供え、種々の供養の仕方をもって恭敬し、尊重し、奉仕し、供養し、讃嘆し、祈願するといたしましょう。これら二種の良家の男子または女子のうち、いずれのものがより多くの福徳を得るでありましょうか」

　このように問われたとき、世尊は神々の主シャクラにつぎのようにお答えになった。

「それでは、カウシカよ、この問題についてお前に反問しよう。お前が最もよいと思うように説明しなさい。カウシカよ、お前はこのことをどう思うか。供養されるべき、完全にさとった如来には全知者性の（具体的存在としての）身体が得られているのだが、そういう供養されるべき、完全にさとった如来は、どのような道について学んで、無上にして完全なさとり、全知者性を獲得し、さとったのであるか」

　このように問われたとき、神々の主シャクラは世尊につぎのようにお答えした。

「この世間で、世尊よ、供養されるべき、完全にさとった尊き如来は知恵の完成について学んで、無上にして完全なさとり、全知者性を獲得し、さとられたのです」

　世尊は仰せられた。

「カウシカよ、そういうわけで、如来は、具体的存在である身体を得ているということによって、如来という名前で呼ばれるわけではなくて、全知者性を得ているために、如来は如来という名前で呼ばれるのである。カウシカよ、この供養されるべき、完全にさとった如来の全知者性というものは、知恵の完成の所産である……こういうわけで、カウシカよ、良家の男子にせよ女子にせよ、この知恵の完成を書きしるし、書物のかたちにして安置するとしよう。さらにそれに神々しい花……旗を供えて、恭敬し……祈願するとしよう。カウシカよ、この人こそ、かの二種の良家の男子あるいは女子のうちで、より多くの福徳を得るであろう……それはなぜかというと、カウシカよ、知恵の完成に供養を行なうものは、全知者の知を供養したことになるであろうからである」

過去の時代に無上にして完全なさとりを得た如来たちがおられた。未来にもそのような如来たちが世に出られるであろう。また現在、無量、無数の世界に仏陀たちがおられる。それらの仏陀たちはすべてこの知恵の完成に達して無上にして完全なさとりを得たのである。シャーキヤ・ムニであるこの自分もまたこの知恵の完成に達して、全知者性を得たのである、とブッダは『八千頌』第四章で説く。シャクラは、一方で、如来の遺骨でその頂きまでいっぱいに満たされたこの世界が提供され、他方で、知恵の完成が書きしるされて提供され、その二つのうち一つを選べといわれたときどちらを取るか、と問われて、ためらうことなく、知恵の完成を自分は選ぶと答える。その理由を述べる彼のことばは大乗仏教の本質をついている。

「……提供されたこれら二つの分け前のうち、いずれか一方を与えられるとするならば、世尊よ、私はこの知恵の完成をとりましょう。それはなぜかと申しますと、もちろん如来の案内人（である知恵の完成）を崇敬するからです。実に、これこそ如来の真正の身体（遺骨）なのです。それはなぜかと申しますと、世尊はつぎのように仰せられたではありませんか。『仏陀世尊たちは法身より成るものである。そして比丘たちよ、けっしてこの物理的に存在する身体を（仏陀の）身体と考えてはいけない。比丘たちよ、私のことを、法身によって完成されているのだと見なさい』と。この如来の身体は知恵の完成という、真実の究極（実際）からあらわれたものと見なければなりません。

けれども、世尊よ、私がそれらの如来の遺骨（身体）を軽視するというわけではありません。世尊よ、私はそれらの如来の遺骨を尊重いたします。しかし、世尊よ、この知恵の完成から生じた如来たちの遺骨が供養を受けるわけです。ですから、世尊よ、この知恵の完成が供養されることによって、それらの如来の遺骨も完全に供養されることになるわけです。それはなぜかと申しますと、如来の身体（遺骨）は知恵の完成から生じたものだからです。

たとえば、世尊よ、私がスダルマ神殿（善法殿）のなかで自分の神々しい座所にすわっているときには、私の神々が敬意をあらわすために近づいてきます。私がすわっていないときには、神々は私の座所のあるところで、私に対する敬意(のかわり)に、その座所を礼拝し、右まわりにめぐって(右繞《うにょう》)、引き返していきます。それはなぜかと申しますと、『神々の主シャクラは、実にこの座所にすわって三十三天の神々に教えを説かれるのだ』(と彼らは考えるからです)。

ちょうどそのように、世尊よ、知恵の完成は、供養されるべき、完全にさとった如来の全知者性の最も重要な因縁であり、それをもたらすものであるからです。如来たちの身体は全知者性の容器ではありますが、それら(の身体)は知恵を生ずるための条件でも原因でもありません。こうして、世尊よ、如来の身体をとおして全知者の知の原因(たる知恵の完成)が供養されているわけです」

さいきん、L・R・ランカスターが指摘しているように(The Eastern Buddhist, New Series Vol.VIII, No. 1,1975)、右の『八千頌』第四章の一段のうち「法身」と「真実の究極(実際)」という二つのことばを含んだ最初の一節は『道行』『大明度』『摩訶般若鈔経』という『八千頌』の古訳には存在しない。この、大乗仏教にとってきわめて重要な二つの術語がこの経典の原形に存在しなかったというそのことが、大乗初期の思想的発展を如実に示しているのである。初期の大乗運動家は、ストゥーパに安置された仏骨崇拝という人気のある儀礼をその根源、仏陀の母である知恵の完成への崇敬に昇華させようとした。身体をもってこの世にあらわれ、死後遺骨を供養される仏陀だけが尊いのではない。その仏陀を生むもの、仏陀の全知者性の本質である知恵の完成こそがわれわれの崇敬の真の対象であり、われわれの求道の目標なのである。しかもその知恵の完成、無上にして完全なさとりそのものこそが永遠の真理としての仏陀（法身）であり、真実の究極（実際）であり、この世に遍満するさとりの世界（法界）である。これこそが不変不滅の仏陀である。こうして彼らが、ストゥーパから仏母、仏母から法身を発見してゆく過程において大乗仏教は確立されたのである。

「般若経」はしばしば知恵の完成を母にたとえる。病身の母をもった多くの息子たちが、どうすれば母に病いや苦痛が生じないであろうか、どうすれば母は長生きするだろうかと思いを砕き、「彼女はわれわれの生みの親である。つらい仕事を行なった彼女はわれわれに命を与え、この世界を見せてくださったかたである」と考えて、幸福に必要なあらゆるものを与えて母親のことに思いをそそぎ、世話し、大事にし、まもる。そのように如来たちは、この知恵の完成は完全なさとりを得た如来たちの母であり、生みの親であり、如来たちに全知者性を示し、世界を見せるものである、と考え、「どうすればこの知恵の完成が長く存続するであろうか。どうすればこの知恵の完成の名前が滅しないであろうか。どうすればこの知恵の完成が語られ、書写され、学ばれているときに、邪悪な魔や魔に従属する魔神が障害をなさないであろうか」と知恵の完成のことに思いをそそぐ（『八千頌』第十二章）。

この時代に知恵の完成の教えである「般若経」の編集や流布と大乗運動の推進にもっとも

積極的に参加していたのは、ダルマバーナカ（法師）と呼ばれていた説法者たちであった。彼らは人々にストゥーパを建立したり、礼拝したりするよりも、知恵の完成を習い、覚え、宣布し、他人に教示することに大きな功徳があり、より深い意義のあることを説いてまわった。そして何よりも、少しであっても「般若経」を書写し、それを書物のかたちにして安置するようにすすめた。知恵の完成が習われ、教えられ、読誦される場所、知恵の完成が書写されて安置された場所はチャイティヤ（塔廟）のごとくに神聖なものになるのであり、そこへ近づく人々の救いと安息の場所、目的地となる。その場所は如来の遺骨を祭ったストゥーパ以上に尊重され、供養されなければならない、と説法者は説いた。

そのような知恵の完成の安置所で説法者は比丘、比丘尼、在家の男女の信者の集まった前で、多くの神々の加護によって湧きでてくる能弁の霊感《ひらめき》をもって、知恵の完成について語りつづけるのであった。彼らは知恵の完成の卓越性を確信し、恐れることなく大乗を説いた。もとより新しい教義と信仰を広めようとする彼らにはさまざまな障害があった。部派仏教の出家者たちがやってきて、彼や彼の聴衆たちに、知恵の完成はブッダのほんとうの教えではないのだ、と批判をした。あるいは、人間の世界、地獄、餓鬼、畜生の世界の苦しみをまざまざと説ききかせ、煩悩を断って一刻も早く輪廻の苦しみから脱出して絶対の静寂である涅槃に入る道、つまり阿羅漢にいたる小乗の教えだけが至福へ導くものである、と主張した。あるいは天上の神々の幸福を描きだし、そこへ生まれることをこそ願うべきで、永劫にわたって生まれかわり死にかわり、あらゆる有情のために自己を犠牲にする大乗の菩薩の道がいかに苦しくつまらないものであるかを語った。知恵の完成の説法者の聴衆たち、初めて大乗に進み入った初心の菩薩たちは、こうした小乗の比丘の話を聞いて動揺し、疑い、大乗を捨てる者たちも少なくはなかった。

説法者と聴衆たちとのあいだにいろいろな不和合も生じた。説法者が熱心に法を説いても聞法者《もんぼう》（ダールマシュラヴァニカ）たちが話に乗ってこなかったり、逆に聞法者が教えを聞きたいと思ってやってくるときに説法者が都合がつかなかったりした。人々を集めて知恵の完成を書写させると、みながあくびをしたり、居眠ったり、雑談に時を過ごしたり、ほかのことに気をとられて、いっこうに能率が上がらなかったりした。

説法者たちは、それらすべてを魔の所行として堪え忍び、挫けた心を奮い起こし、諸仏、諸菩薩、諸神の加護を願っては知恵の完成の宣布につとめた。彼ら説法者である菩薩大士たちは、魔に打ち克つために、みずから善友（善知識）に近づくように努め、人々にもそれを進めた。菩薩にとっての善友とは「まず諸仏世尊、ならびに菩薩の修行に熟達した不退転の菩薩大士たち、菩薩を六種の完成（六波羅蜜）において教えさとすものたち、彼（菩薩）のために知恵の完成を説き、述べるものたち」であり、いいかえれば「知恵の完成こそ菩薩大士の善友である」（『八千頌』第二十二章）のだった。こうして知恵の完成への道を追求し、大乗の教えに従う人々はみな菩薩と呼ばれた。もとより初心の者、熟達した者、不退転の者、すでに一生を終わるだけで仏陀になると定まった者など、機根や階位のことなった菩薩たちがいた。しかし、彼らはお互いに善友として励まし合い、知恵の完成への道を追求し、人々に知恵の完成を説き、大乗を広めていったのである。

菩薩大士

かつてインドの仏教学者ハル・ダヤルは「ボーディサットヴァ」(菩薩)ということばについて考えられる語義を七種類列挙し、経典や論典における用法、諸学者の見解をも引用しながら有益な議論を展開した(Har Dayal, The Bodhisattva Doctrine in Buddhist Sanskrit Literature, pp.4.～9. 1931)その七種の解釈すべてをここに検討する必要はないけれども、現在でもなお注意しておかねばならぬ二、三の語義解釈にふれておきたい。「ボーディサットヴァ」(bodhisattva)は「ボーディ」と「サットヴァ」という二語からなる複合語である。「ボーディ」は「さとり」をあらわす語でほとんど問題はない。けれども、「サットヴァ」は本来「存在する」を意味する語根$\sqrt{as}$の現在分詞satに、状態をあらわす接尾辞tvaが加わってできた名詞で、「存在」「本質」「意識ある生きもの、有情」「心、志向」「胎児」「精力、勇気」などをあらわしうる多義的なことばであるから、「ボーディサットヴァ」という複合語の解釈が紛糾してくるのも無理はない。

(1)ハル・ダヤルのあげた語義の一つは、「サットヴァ」を「意識ある生きもの、すなわち有情」の意にとるもので、「ボーディサットヴァ」は「さとりへ向かう有情」という格限定複合語であるとする。したがって「さとりを得ることの確定した有情」「さとりを求める有情」などの意となる。

(2)ハル・ダヤルのあげたもののうち、もう一つの重要な解釈は「サットヴァ」を「心、志向」の意にとり、「ボーディサットヴァ」を「さとりへの志向をもつ者」という所有複合語と考えるものである。

これら二つの意味での「ボーディサットヴァ」という語はいずれもパーリ聖典やサンスクリット論典などにおいて十分に確認される。今日ではほとんどの学者が上述の(1)の解釈を採用しているようである。ハル・ダヤルも自説として、パーリ聖典では「ボーディサッタ」（ボーディサットヴァのパーリ語形）は(1)の意味であると主張したうえで、ただそのさいの「サッタ」（有情）とはただの有情ではなく、「戦士、勇士、英雄」などを意味するヴェーダ語「サトヴァン」と関係がある、という。そして「ボーディサットヴァ」のチベット語訳「チャンチュブ・セムパ」(byaṅ chub sems dpaḥ) にあらわれる dpaḥ「勇猛な」という語もその意味で理解できる、といっている。

パーリ語「ボーディサッタ」はともかくとして、「般若経」系統の大乗仏典にあらわれる「ボーディサットヴァ」という語は、一般の解釈とは逆に、さきにあげた(2)の語義にしたがって用いられている。ハル・ダヤル自身(2)にあたる解釈を紹介するさいに、十世紀の中観学者プラジュニャーカラマティが、この語を「さとりに対する心(sattva)すなわち志向(abhiprāya)をもつ者」と解していることを引用している。チベット語訳のdpahが「勇猛な」を意味することはハル・ダヤルのいうとおりであるが、sems dpahは「勇猛な心」であって「勇猛な有情」の意味にはならない。したがって、このチベット語訳も「さとりへの勇猛な心をもつ者」という所有複合語であって、さきの(2)の解釈にあたるのである。西紀後八〇〇年ころに『八千頌』に注釈を書いた中観学者ハリバドラも、菩薩とは「すべての事物に執着しないという自利の完成であるさとりに対して心すなわち志向をもつ者」であるといっているから、前述(2)の解釈にしたがっているわけである。もとより、以上のことは菩薩という複合語の文法的解釈の問題であるから、内容のうえからは、われわれは上記(1)(2)の語義をあわせて、菩薩とはさとりを求める有情のことであると理解しておいてさしつかえはない。

ハリバドラが上記の語義解釈を行なったのは『八千頌』第一章に最初に「菩薩大士」(bodhisattvo mahāsattvaḥ)ということばがあらわれてくる個所においてであるが、そこで彼はさらに重要なことをいっている。「菩薩」を自利の完成である「さとりに志向する者」だといったあとで、彼は、「それだけでは声聞も(菩薩)となってしまうであろう」というわけでマハーサットヴァ(大士)という」とつけ加える。そして「大士」(偉大な心をもった者）とは「偉大なる利他の完成に対する志向をもつ者」であるといい、さらに、そのような偉大なる利他への志向は外教《げきょう》の賢者にもありうるから菩薩という仏教の修行者をあらわす語とともに用いるのだ、といっている。要するに、ハリバドラは、自利としてのさとりに志向する小乗仏教の声聞および仏教以外の利他の賢者との両者から区別するために、自己のさとりと偉大な利他の完成とに志向する大乗の菩薩のことを「菩薩大士」と呼ぶ、といっているのである。このハリバドラの解釈はもっとも権威あるものとして尊重されるべきであろう。というのは、それは『八千頌』の経文自体のなかにおいても確認されるものであるから。

『八千頌』第一章においてスブーティはブッダに菩薩大士というときの菩薩および大士とはどういう意味であるかをブッダに問う。それに対してブッダは次のような意味のことをのべる。「菩薩大士はすべてのものを理解するために、執着しないということにおいて、無上にして完全なさとりをさとるのである。さとりを目的とする点で大士は菩薩と呼ばれる。有情の大集団、有情の大群集の上首たることを達成するから菩薩は大士と呼ばれる」と。スブーティはブッダの答えを理解していう。「菩薩大士といわれるのは（こういうわけです）。かのさとりを求める心（菩提心）、全知者性を求める心、汚れのない心、比類のない心、至高なる心であって、すべての声聞や独覚と共通しないもの、このような心にさえ彼は執着せず、こだわらないのです。なぜかといいますと、その全知者性を求める心は汚れがなく、こだわりがないからです。その汚れがなく、こだわりのない全知者性を求める心にさえ彼は執着せず、こだわりません。そういう意味で菩薩大士という名で呼ばれるのです」。この『八千頌』の文章においても、無執着が強調され、「サットヴァ」という語は「心」の意味で解釈され、自己のさとりと利他の完成をめざす者が菩薩大士と呼ばれている。ハリバドラの解釈は『八千頌』の意味するところによく対応していたのである。

「般若経」が強調する大乗の菩薩すなわち菩薩大士には二つの基本的な性格がある。一つは「ものの特徴を認識せず、ものに執着しない」という無執着の態度であり、他の一つは「自分でそうしようとすればできるにもかかわらず、完全な涅槃において涅槃したいと思わないで、かえって、この上なく苦しんでいる有情の世界を見て、無上にして完全なさとりをさとろうと欲し、輪廻をおそれない」(『八千頌』第十五章)という不住涅槃の態度である。この無執着と不住涅槃ということは「知恵」と「巧みな手だて」(方便)といいかえてもよいもので、いずれものちに述べる空の哲学に裏付けられている。いまはこれを一般的に論じておきたい。

『八千頌』第一章は「般若経」の思想を集約していて、それだけに逆説にみち、抽象的であって、難解な部分である。しかし、菩薩大士についても、総括ともいえるような文章で前述の二つの性格を描きだしている。そこでスブーティはいう。

「世尊よ、物質的存在を取得せず、同様に感覚、表象、意欲を、そして思惟を取得しないこと、それが菩薩大士の知恵の完成である、と知らねばなりません。また、如来だけがもつ十種の知力（十力）、如来だけがもつ四種のおそれなき自信（四無所畏《しむしょい》）、仏陀だけがもつ十八種の精神的特性（十八不共法《ふぐほう》）を完成しないで、途中で完全な涅槃にはいってしまわないこと、これも、世尊よ、したがって、菩薩大士の知恵の完成である、と知るべきです」

物質的存在・感覚・表象・意欲・思惟という五蘊の範疇は「あらゆるもの」をあらわす。スブーティは注釈するようなしかたでことばをついでいる。「物質的存在は物質的存在としての本体（自性）を捨て、感覚、表象、意欲も同様であり、そして思惟も思惟としての本体を捨て、知恵の完成も知恵の完成としての本体を捨て、全知者性も全知者性としての本体を捨てています。知恵の完成は知恵の完成としての特徴を捨て、特徴は特徴の本体を捨て、特徴づけられるものは特徴づけられるものの本体を捨て、本体は本体の特徴を捨てているのである」。菩薩大士がものに執着しないということは彼の心的態度というだけではなくて、あらゆるもの、作られたもの（有為）も作られないもの（無為）も、また、物質的存在から仏陀の本性である全知者性や涅槃にいたるまで、いかなるものもその固有の本体をもたない、空であるということが真理であるからである。

菩薩大士が苦しみ迷う有情の世界を見て、あらゆる有情を救わないかぎり、自分だけのさとりとやすらぎのために輪廻から脱出して絶対の死に入ることをしない、ということも、実は迷える有情も静寂な涅槃も本体がないものであるからである。『八千頌』のなかのもっとも美しい文章の一つを紹介しよう（第一章）。

そのとき、スブーティ長老は世尊にこう申しあげた。
「世尊よ、『偉大な（徳の）甲冑に身を固めている、偉大な甲冑に身を固めている』ということがいわれますが、世尊よ、菩薩大士は大きな甲冑によってどれほど身を固めているのですか」

世尊は仰せられた。
「スブーティよ、この世間で菩薩大士はこう考える。『私は無量の有情を涅槃に導かねばならない。無数の有情を涅槃に導かねばならない。けれども涅槃に導かれるべき人々も、導くものも実は存在しないのだ』と。彼は（無量、無数という）それほど多くの有情を涅槃に導くが、しかも涅槃にはいったいかなる人も、涅槃に導いたいかなる人も実は存在しない。それはなぜであるか。幻の本性を考慮に入れれば、スブーティよ、もろもろの事物のものの本性（法性）はそういうことになるであろうから。

たとえば、スブーティよ、熟練した幻術師、あるいは幻術師の弟子が大きな四道の交差点で大群集を魔法でつくり出すとしよう。つくり終わってからその大群集を消し去るとしよう。スブーティよ、どう思うか。そのばあい、いったい、だれかによってだれかが害され、殺され、滅せられ、または消されたことになろうか」

スブーティは申しあげた。

「そうではありません、世尊よ」

世尊はお続けになった。

「ちょうどそのように、スブーティよ、菩薩大士は無量、無数の有情を涅槃に導くけれども、涅槃にはいる人も、涅槃に導くいかなる人も存在しない。もし菩薩大士が、この教えがこのように説かれるのを聞いて、おそれず、おののかず、恐怖に陥らないならば、この菩薩大士は、それほど偉大な甲冑によって身を固めていると知られるのだ」

そのとき、スブーティ長老は世尊にこう申しあげた。

「世尊よ、私が世尊のお説きになったことの意味を理解するかぎりでは、そのような菩薩大士は（ものの本性の立場からいえば）実は甲冑で身を固めてはいないと知られます」

世尊は仰せられた。

「そのとおりである、スブーティよ。まことにそのとおりである。この菩薩大士は実は甲冑で身を固めてはいないと知らねばならない。それはなぜか。スブーティよ、全知者性というものはつくられず、変化せず、形成されないからなのだ。また、菩薩が彼らのために甲冑で身を固めるというその有情たちもつくられず、変化せず、形成されないものだからである」

ここで、あらゆるものが「つくられず、変化せず、形成されない」といわれるのは、それらがつくられないものとしてあるということではない。かえって、あらゆるものには本体がなく、その意味で、ものは空である、ということである。幻術師がつくり出した幻が、どれほど大きな光景であり、どれほど千変万化しようとも、本体としては存在しないのと同じである。菩薩大士が生死輪廻をおそれず、涅槃にはいりたいとも思わないのは、輪廻も涅槃も本体がなく、空であるからである。いいかえれば、その二つはともに空であることによって不二であり、分けられず、区別できないからである。

菩薩大士が偉大な甲冑で身を固めるといわれるのは、さきに菩薩の語義を述べたさいにふれたように、このことばが勇猛な戦士というイメージと連合しているからである。彼は「すべてのものは実在しない、本体がない、空である」といわれるのを聞いても、戦士のように、おそれず、おののかない。そしてあらゆる有情のために偉大な甲冑で身を固めて戦うが、実はそれは甲冑でもなく、虚空との戦いにすぎない。「世尊よ、知恵の完成の修習というものは、虚空を修習するようなものです……有情たちのために甲冑を結ぶ人は、虚空と(の戦闘のために)甲冑を着けようとするのです。世尊よ、菩薩大士は偉大な甲冑で身を固めた人です。世尊よ、虚空に等しい有情、さとりの世界（法界）に似た有情たちのために甲冑を着け、無上にして完全なさとりをさとろうと思う菩薩大士は英雄であります。世尊よ、彼は虚空を解放しようとするわけです」（『八千頌』第八章）。菩薩大士は虚空の鎧を着け、実在しない有情のために、実在しない敵と戦うのである。

大乗――声聞・独覚の批判

静谷正雄氏の調査によれば、『八千頌』にさきだっていくつかの大乗経典はすでに出現していたらしいが、「大乗」（マハーヤーナ）ということばは『八千頌』において最初にあらわれたようである。『八千頌』においても、菩薩大士と対立するようなかたちであらわれる仏教の修行者は声聞・独覚とよばれるのがふつうであり、この三つの教法も声聞乗・独覚乗・菩薩乗と呼ばれるのが一般的である。声聞乗・独覚乗をあわせて「小乗」と呼んでいるのは『八千頌』では第十二章にただ一度あるだけである。菩薩乗を「大乗」と呼ぶ場合は第一章をはじめかなりの数にのぼるが、それでも菩薩乗と呼ぶ頻度のほうが高い。それはともかく、この大乗という語のあらわれることは、『八千頌』の出現によって、大乗仏教が従来の部派仏教つまり小乗よりもはるかに優越するものである、という意識が確立されたことを物語っている。

大乗、小乗というときの乗（ヤーナ）は文字どおり「乗り物」を意味する。声聞・独覚が自己の解脱のみを求め、いわばひとり小さな乗り物に乗ってさとりの彼岸におもむくのにくらべて、あらゆる有情とともに救済されることを望む菩薩の車は巨大な乗り物でなくてはならない。この大乗、小乗という名づけ自体が大乗仏教者の小乗批判を含意することはたしかである。けれども「般若経」はろこつなしかたで、己れを大とし、他を小としているわけではなくて、声聞乗・独覚乗によって修行する人々をも菩薩乗に誘引しようという意図のほうを強くもっていたと思われる。たとえば『八千頌』第一章にこういわれている。

声聞の階位において学ぼうと思っている人でさえ、この同じ知恵の完成を聞き、習い、覚え、唱え、理解し、宣布すべきであり、この同じ知恵の完成について学び、努力すべきなのです。独覚の階位において学ぼうと思うものも……この同じ知恵の完成について学び、努力すべきなのです。菩薩の階位において学ぼうと思うものも、この同じ知恵の完成を聞き、習い、覚え、唱え、理解し、宣布すべきであります。

「般若経」は声聞・独覚が、すべてのものにはそれぞれ固有の本体があると認識し、煩悩や迷いはあくまで煩悩や迷いであり、さとりや涅槃はそれらとまったく異なった実在であるとすること、いいかえればものを区別し、区別された特徴に執着することを批判する。だから、「般若経」自身が小乗と大乗とを区別し、大乗の優越性に執着するとすれば、それは自分の論理の破綻を示すものにほかならない。大乗の菩薩は大乗に執着すべきではない。その無執着の教えそのものがほんとうの大乗であるからである。あらゆる有情を救うということも幻術師の幻であり、偉大な甲冑が虚空に等しかったように、偉大なる乗り物も実は乗り物として空でなくてはならない。スブーティはブッダにたずねる（『八千頌』第一章）。

「世尊よ、菩薩大士はこのように偉大な甲冑に身を固めて、大乗に進み入り、大乗に乗っているのですが、その大乗とはいったい何ですか。また、（菩薩大士は）どのようにそれ（大乗）に進み入っていると知るべきでしょうか。その大乗はどこから出ていくのですか。どちらへその大乗は進んでゆくのですか。どこにその大乗はとどまるのですか。また、だれがいったい、この大乗に乗って出ていくのですか」

このように問われたとき、世尊はスブーティ長老につぎのように仰せられた。

「スブーティよ、大乗とは量られないものの異名である。量られないとは、スブーティよ、（その徳を）量るものがないからである。また、スブーティよ、お前は『（菩薩大士は）どのようにそれ（大乗）に進み入っていると知るべきでしょうか。その大乗はどこから出ていくのですか。どちらへその大乗は進んでゆくのですか。どこにその大乗はとどまるのですか。また、だれがいったい、この大乗に乗って出ていくのですか』と問うたが、

（大乗の六種の）完成（波羅蜜）への修行によって（菩薩大士は大乗に）進み入る。（大乗は）三界から出ていくのであり、（修行の）対象のあるところへ進み、全知者性においてとどまり、菩薩大士が（この大乗に乗って）出ていくのである。

しかもなお、それはどこからも出ていくことはないし、なんらかの（対象）を経て進むわけでもなく、どこかにとどまるということもない。けれども、とどまらないという仕方で全知者性においてとどまるのである。また、この大乗によって、何人《なんびと》もかつて過去において出ていったのでもなく、未来において出ていくであろうこともなく、現に出ていくのでもない。それはなぜか。出ていく人、出ていくための乗り物、この二つのものは存在もしないし、認識もされない。このようにすべてのものが存在しないときに、いかなるものがいかなるものによって出ていこうか。スブーティよ、菩薩大士はこのように大乗によって武装し、大乗に進み入り、大乗に乗っているのである」

こういわれたとき、スブーティ長老は世尊につぎのように申しあげた。

「世尊よ、大乗、大乗といわれますが、その大乗は、虚空と等しく、きわめて広大であるために、神々、人間、阿修羅《あしゅら》を含んだこの世間を超克していくものなのです。ちょうど虚空には無量、無数の有情を入れる余地があるように、この乗り物には無量、無数の有情を入れる余地があります。世尊よ、これはこういう仕方で菩薩大士たちにとっての大きな乗り物なのです。その来ることは見られず、その行くことも見られず、そのとどまることも知られません。そのように、世尊よ、大乗には発端も認識されず、終末も認識されず、また中間も認識されません。かくてこの乗り物は（三時を通じて）同一なのです。そういうわけで、大乗、大乗といわれるのです」

しかし、大乗の菩薩たちはこの新しい仏教に対して大きな誇りを感じていた。『八千頌』第九章で知恵の完成の清浄がブッダによって語られているとき、何千何万という神々が空中で喜んで叫び、笑い、衣をふって、「実にジャムブドゥヴィーパ（インド）において、二度目に教えの輪が転じられるのを見ることだ」という。もとより世尊は、その様子を眺めながらスブーティに向かって戒めていう。「これは二度目の教えの輪の回転でもないし、また教え（真理）というものには、それを転じはじめることも転じやめることもありはしないのである。スブーティよ、このようなものが菩薩大士の知恵の完成なのである」と。しかし、シャーキヤ・ムニがベナレス郊外のムリガダーヤ（鹿野苑）で五人の比丘たちに対して初めて法輪を転じたのに比して、「般若経」の知恵の完成の教えの出現を第二の転法輪であるとする自覚は、大乗の菩薩たちに共通に存在したにちがいない。如来が世にあらわれようとあらわれまいとにかかわらず、知恵の完成の真理は永遠のものである。しかしその永遠の真理がくらまされている時代に、その永遠性を世に説くことが大乗の菩薩たちの使命であった。そしてそれは当然に声聞・独覚の教えに対する批判をともなった。「般若経」はその批判を菩薩に対する自戒の語として語る。

「実に、たとえば、スブーティよ、ある犬は主人の前で幾口かの食物を拒絶して、召使いの前で一片の食を求めようと考える。ちょうどそのように、スブーティよ、未来のときに、ある種の、菩薩乗によって修行するものたちが出て、彼らは、全知者の知の根であるこの知恵の完成を拒絶して、枝や葉や茎のような声聞乗や独覚乗のなかに、精粋《エキス》である仏性を求めるべきだ、と考えるであろう。スブーティよ、これもまた、彼らにとっての魔の所行だ、と知るべきである。それはなぜかといえば、知恵低きものたちは『知恵の完成が全知者の知をもたらすものである』とは知らないだろうからである。彼らは知恵の完成をしりぞけ、捨て、拒絶して、声聞の階位をたたえたり、独覚の階位をたたえたりしているような、それとは別な諸経典をもっとよく理解すべきだ、と考えるであろう。このようなかたちで修行するこれらの菩薩たちは、枝や葉や茎にも比すべき（ものを修行しているの）である、と知るべきである。

それはなぜかといえば、スブーティよ、菩薩大士は、声聞乗によって修行する人々や独覚乗によって修行する人々が学ぶようには学ぶべきではないからである。では、スブーティよ、声聞乗によって修行する人々や独覚乗によって修行する人々は、どのように学ぶのであろうか。スブーティよ、彼らにはつぎのような考えが浮かぶのである。『われわれは自分ひとりだけをならそう。われわれは自分ひとりだけを鎮めよう。われわれは自分ひとりだけを完全に涅槃させよう』と。そして、彼らは自分だけの訓練、静寂、完全な涅槃のために、すべての善根を積む努力をはじめるのである。けれども、スブーティよ、菩薩大士はこのように学んではならない。そうではなくて、スブーティよ、菩薩大士はつぎのように学ぶべきなのである。すなわち、『一切の世間の人々を救うために、私はみずからを真相（真如）にとどまらせよう。一切の有情をも真相にとどまらせよう。無量の有情の集まりを完全に涅槃させよう』と。菩薩大士は、このような仕方で、あらゆる善根を完成させる努力をはじめなければならない。しかし、それら（の善根の集積）によって慢心してはならないのである……」

「また実に、スブーティよ、たとえば宝を求めるある男が大海を見て、飛びこみもせず、宝を観察もせず、つかみもしないとしよう。（かえって）彼は宝を得るためには牛の足跡（にできた水たまりのなか）を捜すべきだ、と考えるとしよう。そして、彼は牛の足跡の水たまりの水と大海とを等しいものだ、と考えるとしよう。スブーティよ、お前はこれをどう思うか。彼は賢者に類する男だと知るべきであろうか」

スブーティはお答えした。

「そうではありません、世尊よ」

世尊は仰せられた。

「スブーティよ、ちょうど同じように、深い意味のあるこの知恵の完成を得たとしても、(悩み少ない)(そのなかに)浸ることなく(それを)思惟しないで捨て去ってしまったり、また、(悩み少ない)平静な境地にとどまるためには、声聞の階位をたたえたり、独覚の階位をたたえたりしている諸経典を求めねばならないと考えるような、菩薩乗によって修行する人々は、この(牛の足跡の水のなかに宝を捜す人の)ようなものである、と知らねばならない。それらの(経典の)なかには菩薩乗はほめたたえられていないで、ただ自分だけの訓練、静寂、完全な涅槃を説き、瞑想のための隠退を説いている。『私が預流果《よるか》を得ますように、私が一来果《いちらいか》を、不還果《ふげんか》を、阿羅漢《あらかん》たることを得ますように。私が独覚のさとりを得ますように。この世間において、もはや執着することなく、多くの汚れから心を解き放して(その心を)完全に消滅(涅槃)させよう』といわれている。こういうことこそが、声聞や独覚の階位に相応しているということである。

しかし、菩薩大士たちはこのように心を発《おこ》してはならない。それはなぜかといえば、スブーティよ、大乗に進み入った菩薩大士は、大きな甲冑に身を固めているからである。彼らはいかなるときも(悩み少ない)平静な境地に対して心を発してはならない。それはなぜかといえば、彼ら秀でた人々は世間を導く人々であり、世間を利益する人々だからである。だから彼らは、つねに、いつでも、六種の完成(六波羅蜜)について学ばなければならないのである……」(『八千頌』第十一章)。

私は学友丹治昭義氏の指摘によって教えられたのであるが、いくつかの初期大乗経典では菩薩ということばと菩薩大士ということばを意識的に使い分けている。同じ大乗の菩薩でも、空の教えや知恵の完成の教えにおそれと疑いをいだくような初心の者は菩薩と呼ばれ、もはや大乗から退転することのない、すぐれた者は菩薩大士と呼ばれるのである。すべての大乗経典においてそのような使い分けがなされているのではないが、少なくとも『八千頌』においてはこの二つのことばは区別されている。右の引用文からもそれは理解されるであろう。もっとも、『八千頌』でもその区別がなされていない個所もある。しかし、迷える菩薩と不退転の菩薩が比較されるようなとき、その大部分の場合に右のような使い分けがされているということは、『八千頌』の作者ないし編者たちが菩薩大士ということばによって、大乗の真理を確信している菩薩をあらわそうと意識していたことを物語っている。

よく知られているように、『法華経』第二章（「方便品《ほうべんほん》」）において、ブッダがシャーリプトラ（舎利弗）の三度におよぶ懇請を受け入れて、「声聞・独覚・菩薩の三乗の教えは、時代の混乱と汚濁のなかにいる有情たちが貪欲で善根が少ないとき、如来は、実はただ一つの乗り物を巧みな手だてによって三つの乗り物に分解して説くのだ」ということを話し出そうとする。そのとき、その集会のなかにいた、思いあがっている五千人の比丘、比丘尼、在家の男女の信者が席を立って、ブッダの両足を自分の頭にいただいて敬礼してその集会から去っていった。思いあがったものはその昔の善くない行為のために、まだ得ていないものを得たと思い、まだ理解していないものを理解したと思っているからである。ブッダは無言でそれを許されたが、すぐあとでシャーリプトラに告げる。「シャーリプトラよ、私の集会は(不要の)籾殻《もみがら》が除かれ、無価値なものがいなくなって、信仰の核心のうえに立つものとなった。シャーリプトラよ、彼ら高慢なものたちがここから去ったことは、よいことである。そこで、実に、この意味を私は説こう」と。そしてブッダは法を説きはじめる。

大乗興隆の初期、説法者たる菩薩大士たちがその法を説いているときには、このように従来の声聞・独覚の教えになじんでいた人々が集会をけって立ち去ってしまうという光景が、実際にしばしば起こったにちがいない。なぜなら同じ光景は『八千頌』第七章においても言及されているからである。もっとも、『八千頌』では、『法華経』が立ち去った聴衆を籾殻と呼ぶような、激しいことばはけっして用いられはしないが。そこでは、この世間で知恵の完成に努力を傾注する菩薩大士はどれほど長いあいだ修行を重ねてきたと知られましょうか、というスブーティの問いに答えて、ブッダはいう。

「スブーティよ、菩薩大士たちの機根が多様であるために、このことは区別して説明せねばならない。(一方には、善い友人たちに導かれて知恵の完成を学び、菩薩の正しい行為を学んで、ついに全知者性を得るにいたる菩薩もいる。けれども他方には)また、スブーティよ、つぎのような仕方もあって、その仕方によると、菩薩たちが何百という仏陀、何千という仏陀、何百・千という仏陀たちにまみえ、そのみもとで禁欲的修行（梵行）を行なって、しかもこの知恵の完成に誠信を置かず、それに傾倒もしないこともあるであろう。

それはなぜか。（彼らは）前世においても、それらの仏陀世尊のみもとでこの意味深い知恵の完成が話され、説かれ、述べられているときに、それを尊敬しなかった。尊敬しないために聞こうともしなかった。聞こうともしないために親しみ近づかなかった。親しみ近づかないために質問をしなかった。質問をしないために誠信を置くこともなかった。誠信を置くこともないためにそこで集会を捨てて立ち去ってしまった。彼らはそのような理由で正しい教えの破壊に導くような行為をなし、積み、重ね、集めたために、いまも、意味深い知恵の完成が話され、説かれ、述べられているときに、（集会から）立ち去ってしまう。（彼らは知恵の完成を）尊敬しないために誠信を置かず、傾倒もしないので、身体も心も調和を得ない。彼らは（身心の）調和を得ないので、この知恵の完成を知らず、見ず、さとらず、理解しない……この知恵の完成を拒み、捨て、そしることによって、過去・未来・現在の諸仏世尊の全知者性を拒み、捨てることになり、そしることになる。彼らは自分の心を害したうえに、苦しみに焼かれて、他のあまり賢くない人々、知恵の劣った人々、福徳の少ない人々、善根の少ない人々で、誠信だけをもっている人々、愛情だけをもっている人々、浄信だけをもっている人々、意欲だけをもっている人々、初心者たち、無能な性質の人々などのその限られた誠信、限られた愛情、限られた浄信、限られた意欲を制止し、思いとどまらせ、立ちもどらせてしまうであろう。『この道を学んではいけない』と語り、『これはブッダのことばではない』というようなことばを話すであろう。

こうして彼らは自分の心を害し、(正しい教えからみずからを)引き離したうえに、他の人々の心をも害し、引き離して、知恵の完成を誹謗するであろう。知恵の完成が誹謗されるときには、全知者性も誹謗されることになる。全知者性が誹謗されるときには、過去・未来・現在の諸仏世尊が誹謗されることになる。彼らは諸仏世尊のみもとを立ち去っていることになろうし、教えから放たれ、僧団から除外されていることになろう。こうして彼らは、ありとあらゆる仕方で、三宝から除外されていることになるであろう」

『八千頌』では知恵の完成を、そして大乗を誹謗する者たちを、菩薩大士とはいわないが、菩薩とは呼んでいる。それらの菩薩はただ前世の善根が少なく、心がけが悪いために知恵の完成を信ずる機縁にめぐまれないだけである。しかし知恵の完成を信ぜず、それを誹謗することは仏陀を信ぜず、仏陀を誹謗することになるのだから、早くそれに気づけ、と切々と訴えているかのようである。そのような悪行をなす者は世界の生成と終末が何度もくりかえされるほどの長い期間にわたって、一つの地獄から他の地獄へと移りながら大地獄の苦しみを受ける。知恵の完成をそしり、その広布の妨げをすることは、五大罪を犯し重ねることよりもはるかに重い罪なのだ、という。

本来清浄——実在論批判

「般若経」は、しかし、菩薩大士の利他の精神を声聞・独覚の狭隘な自利主義に対比させて、後者を批判するだけではない。「般若経」は、初めから終わりまで、空を説き、無執着を説き、有為の世界と無為の世界との不二を説いている。それは小乗仏教を代表して、当時もっとも盛んに行なわれていた説一切有部の実在論哲学に対する批判なのである。もちろん、「般若経」の実在論批判は、たとえばのちにナーガールジュナ（龍樹）が展開したもののように論理的に整ってはいない。しかし、全巻を通じ、あらゆる機会をとらえて、くりかえされるその批判は、味わい深く説得力に富んでいる。『八千頌』第八章にあらわれる次の文章は、すべてのものは過去・現在・未来にわたって実在する本体をもつ、という有部の哲学の基本的立場に対する批判である。第八章は「清浄」という題名をもっているが、清浄あるいは本来清浄ということばは空の同義語といってもよい。あるものの本体（自性）とはことばの意味の実体化されたものにすぎず、真実としては、ものはそのような虚妄な本体を離脱していて空である、ということが清浄といわれる。

スブーティよ、物質的存在は束縛もされていないし、解放もされていない。それはなぜか。スブーティよ、物質的存在としての本体がないから、物質的存在は束縛もされず解放もされていないのである。そのように、感覚、表象、意欲もそうであり、思惟も、スブーティよ、束縛もされていないし、解放もされていない。それはなぜか。スブーティよ、思惟としての本体がないから、思惟は束縛もされず解放もされていないのである。

スブーティよ、物質的存在の過去は束縛されてもいないし、解放されてもいない。それはなぜか。スブーティよ、物質的存在は過去としての本体をもたないからである。スブーティよ、物質的存在の未来は束縛されてもいないし、解放されてもいない。それはなぜか。スブーティよ、物質的存在は未来としての本体をもたないからである。スブーティよ、現在の物質的存在は束縛されてもいないし、解放されてもいない。それはなぜか。スブーティよ、現在の物質的存在は現在としての本体をもたないからである。そのように、感覚、表象、意欲もそうであり、スブーティよ、思惟の過去も束縛されてもいないし、解放されてもいない。それはなぜか。スブーティよ、思惟は過去としての本体をもたないからである。スブーティよ、思惟の未来は束縛されてもいないし、解放されてもいない。スブーティよ、思惟は未来としての本体をもたないからである。それはなぜか。スブーティよ、現在の思惟は束縛されてもいないし、解放されてもいない。それはなぜか。スブーティよ、現在の思惟は現在としての本体をもたないからである……。

スブーティよ、物質的存在の清浄性なるもの、それが（修行の）結果の清浄性なのであり、結果の清浄性はそのまま物質的存在の清浄性である。そういうわけで、スブーティよ、物質的存在の清浄性と結果の清浄性、これは不二であり、二つに分けられず、相違せず、断絶していない。そういうわけで、スブーティよ、結果が清浄であるから物質的存在は清浄になり、物質的存在が清浄であるから結果は清浄になるのである。同じように、感覚、表象、意欲についてもそうであり、スブーティよ、思惟の清浄性なるもの、それが（修行の）結果の清浄性なのであり、結果の清浄性はそのまま思惟の清浄性である。そういうわけで、スブーティよ、思惟の清浄性と結果の清浄性、これは不二であり、二つに分けられず、相違せず、断絶していない。そういうわけで、スブーティよ、結果が清浄であるから思惟は清浄になり、思惟が清浄であるから結果は清浄になるのである。

また、スブーティよ、物質的存在の清浄性なるもの、それが全知者性の清浄性なのであり、全知者性の清浄性はそのまま物質的存在の清浄性である。そういうわけで、スブーティよ、物質的存在の清浄性と全知者性の清浄性、これは不二であり、二つに分けられず、相違せず、断絶していない。そういうわけで、スブーティよ、全知者性が清浄であるから物質的存在は清浄になり、物質的存在が清浄であるから全知者性は清浄なのである。同じように、感覚、表象、意欲についてもそうであり、スブーティよ、思惟の清浄性なるもの、それが全知者性の清浄性なのであり、全知者性の清浄性はそのまま思惟の清浄性である。そういうわけで、スブーティよ、思惟の清浄性と全知者性の清浄性、これは不二であり、二つに分けられず、相違せず、断絶していない。そういうわけで、スブーティよ、全知者性が清浄であるから思惟は清浄になり、思惟が清浄であるから全知者性が清浄なのである。

長文の、しかもくりかえしの多い右の一段をあえて引用したのは、ここに述べられた思想は「般若経」の核心であり、もっとも整った実在論批判であるからである。同じ空―清浄―不二という考え方は『八千頌』第一章の主題でもあるが、この第八章の叙述のほうがわかりやすい。

束縛された（baddha）状態から解放された（mukta 解脱）状態へ、ということは仏教一般に共通する修行の過程である。説一切有部は物質的存在、感覚、表象、意欲、思惟という五蘊――無常なる有為の世界の諸要素であり、人間の身心の構成要素である五蘊は束縛され、汚れた（有漏）ものであると考えていた。五蘊は汚れと束縛を本体とした実在である。学問と瞑想の修習によって、預流、一来、不還という聖者の階梯をよじ登り、阿羅漢という最高の位に達することは、五蘊の束縛から解放された状態にはいることであり、無為――いっさいの作為を超えた涅槃の世界にはいることである。それが、制約されないものという本体をもった、修行の結果である。さきに第二章で述べたように、有部はこのように考えていた。

「般若経」はしかし、物質的存在をはじめとする五蘊はいずれもいかなる本体をももたないという。物質は、物質としての本体をもたないから、物質として実在するのではない。しかしそれは、物質でないもの、恒常なる無為を本体としてあるわけでもない。だから物質は物質として束縛されているのでもないし、物質でないものとして解放されているわけでもない。五蘊は束縛されてもいないし、解放されてもいない。というのは五蘊はすべて空であるからである。五蘊という身心の諸要素からなる人間という存在も、本体がなく、実在していないから束縛されてもおらず、解放されてもいない。それは「幻の人」のように空である。

右の引用文のなかでは、物質的存在ないし思惟の過去・未来・現在が語られていた。現在の一瞬に光によって映しだされるフィルムの一こまは、映されるまえに未来のリールのなかにあるときも、映されたあとで過去のリールにまきとられるときも、すなわち、三時を通じて実在する、と有部は主張していた。この有部の「すべてのものは三世に実有である」という主張に対して、「般若経」は物質的存在ないし思惟は過去にも、現在にも、未来にも実在しない、したがって空である、という。空であるから、過去の物質は過去としても束縛されてもいないし、過去でないものとして解放されてもいない。未来、現在についても同様である。

修行の結果としての涅槃、阿羅漢のさとり、仏陀の全知者性は、五蘊を超えた無為の世界である。しかしその無為も無為としての本体をもっているわけではない。空であり、束縛されてもいないし、解放されてもいない。幻の人は迷いもしないし、さとりもしない。しかし幻はただ存在しないのでははない。それは幻としてあらわれ、幻としてある。幻は本体をもたず、空なるものとしてある。有でもなく無でもないものとしてある。すべてのものは幻のように、空なるものとしてある。「般若経」はその空性を清浄と呼ぶ。また離脱（vivikta, viveka 遠離《おんり》）と呼ぶ。離脱とはすべてのものが本体を離れていることである。「スブーティよ、すべてのものも本質的に離脱しているのである。スブーティよ、すべてのものの本質的な離脱性というもの、それが知恵の完成にほかならない」

束縛された人間も、修行の結果解放された人間も、迷いも悟りも、有為も無為も空であり、本来清浄であるならば、それら二つは区別されず、一つである。不二（advaya）である。この不二の空性という「ものの本性」（法性）を「般若経」が見出したことは、有部の区別の哲学、多元的実在論を批判する原理となった。「般若経」の世界では、すべてのものは、等しく空であることによって、不二であり、一元的であるからである。

第五章　「般若経」の思想(2)

不二

『維摩経』は「般若経」のなかに分類されてはいないけれども、その説くところ、とくにその不二の教えは「般若経」以上に「般若経」的である。その教えのすべてを紹介することができないのが残念であるが、くわしくは長尾雅人氏の名訳（中央公論社刊「大乗仏典」7）を見られるよう読者におすすめして、ここにはその一部を引用するにとどめる。ヴィマラキールティ（維摩詰）がその病気見舞いに訪れた菩薩や声聞たちと問答をかわしている。そのとき、

この家にひとりの天女がいた。これらの菩薩大士の説法を聞き、喜び満足して心も奪われ、自分の実際の身体をあらわして、天の花をこれらの大菩薩、大声聞たちの上にふりかけた。すると、菩薩たちの身体にふりかかった花は地に落ちたが、大声聞たちの身体にふ

りかかった花は、そこにくっついて地面には落ちない。大声聞たちは神通力をふりしぼってこの花を振り落とそうとするが落ちようとはしない。

そこで、その天女が長老シャーリプトラに言った、「大徳よ、この花を振り落としてなんになさるのですか」。答えて言う、「天女よ、これらの花（で飾ること）は、（出家の身には）ふさわしくないことですから、取り去ろうとするのです」

天女が言う。「大徳よ、そのようなことをおっしゃってはなりません。なぜかといえば、この花は法にかなったものです。その理由は、この花のほうでは考えたり分別したりしないのに、長老シャーリプトラこそが、思慮し分別しているからです。大徳よ、出家して善説の法と律とのなかにありながら、思慮し分別するならば、それこそ法にかなわないことなのです。長老は（法や律について）はからいをめぐらし分別していますが、思いはからうことのないことこそが正しいのです。

大徳よ、ごらんなさい。思慮や分別を離れていればこそ、これらの菩薩大士の身体には花が付着しないのです。たとえば、恐怖をいだいている人ならば、そのすきを悪霊がねらうでもありましょう。それと同様に、生死輪廻の恐怖におののく人に対しては、色や声や香りや味や触れ合うことが、そのすきにつけ入ってくるのです。もし形成された諸存在（有為）への煩悩に対するおそれを去った人ならば、その人に対して、色や声や香りや味や触れ合うこと（という五欲）が、何をなしうるでしょうか。（愛着によって）熏《くん》じつけられた習慣（熏習《くんじゅう》）をいまだ断ち切れない人には、花が付着しますが、それを断っている人の身体には付着しません。ですから、熏習をすべて断っている（菩薩たちの）身体には花が付着しないのです」……

また（シャーリプトラが）問う。「天女よ、愛欲と怒りと愚かさとを離れるからこそ、解脱があるのではありませんか」

天女が答える。「愛欲と怒りと愚かさとを離れて解脱するというのは、慢心のある者に対して説かれたのです。慢心のない者においては、愛欲と怒りと愚かさとの本性が、そのまま解脱なのです」……

（シャーリプトラが）言う。「天女よ、あなたは女性としてのあり方をかえて（男性になって）はいけないのですか」

答えて言う。「私は十二年間、女性であることを探し求めてきましたが、いまもってそれが得られません。大徳よ、魔術師が女の姿を変現したとして、これに対して女性としてのあり方をかえてはなぜいけないか、などと質問したら、これはどういうことになりましょうか」……

そのとき、天女は神通を行なったので、長老シャーリプトラはこの天女とまったく同じ姿になり、天女はまた長老シャーリプトラと同じ姿になった。そこで、シャーリプトラの姿になった天女が、天女の姿になっているシャーリプトラに向かって尋ねる。「大徳よ、女性であることをおかえになっては、なぜいけないのですか」

天女の姿となったシャーリプトラが言う。「男の形が消えて、女の姿になったのですが、どうしてそうなったのかわかりません」

(天女が)言う。「もし大徳が、女の姿から再転ができるのなら、あらゆる女も女であることをかえうるでしょう。大徳が女としてあらわれているように、あらゆる女も女の姿であらわれているのであって、本来女でない者が、女の姿であらわれているのです。その意味で世尊は、あらゆる存在は女でもなく男でもない、とお説きになりました」

そのとき、天女が神通をやめると、長老シャーリプトラは再びもとの姿にかえった。そこで、天女が言う。「大徳よ、あなたがなっていた女の姿は、どこへいったのですか」

(シャーリプトラが)答える。「私は(女にも)ならず、またかわったわけでもありません」

(天女が)言う。「それと同じく、あらゆる存在も、つくられることもなく、かえられることもありません。つくられることもなく、かわることもない、というのが仏陀のおことばです」(『維摩経』第六章)。

シャーリプトラにとっては、自分は出家であり、さとりの世界に住む者であって、在家や世俗の世界と本質的に異なっている。ふりかかった花は世俗の美であり、さとりの世界の住人である自分とは異なった世界に属する。だから花は自分にはふさわしくない。しかし天女はみごとにシャーリプトラのものの考え方を批判する。花は出家も在家も区別しない。二つの世界を区別しているのは、シャーリプトラ長老の判断（分別）であり、思惟である。そしてこの場合、虚妄なるものは花ではなくて思惟である、と。輪廻と解脱と、対立した二つの世界があるのではない。あるのはただ一つの世界である。菩薩大士にとってそれは解脱の世界であるのに、シャーリプトラにとっては、あるいは一つの世界を二つに区別する彼の思惟にとっては、輪廻の世界なのである。生死輪廻が仏陀や菩薩大士にとっては解脱となる。そのような転換が可能なのは輪廻に輪廻の本体がなく、解脱に解脱の本体がなく、空であるからである。輪廻の本体とは、空なる一つの世界を輪廻として認識し、執着する人間の思惟の所産にすぎないのであって、そのほかのどこにもありはしない。

しかし、シャーリプトラは固執する。愛着と怒りと愚かさという煩悩、それを離れてこそ菩提《さとり》はあるのではないか。そうであれば煩悩と菩提は本体として異なった二つの世界であるはずだ、と。天女は叱る。それこそが声聞の慢心であり、誤った認識であり執着である。はからいの心さえなくせば、煩悩はそのまま菩提なのだ。煩悩に煩悩の実体はなく、菩提に菩提の実体はないのである、と。

シャーリプトラという男になった天女と、天女という女になったシャーリプトラと。これほど世の差別に対する痛烈な批判はない。すべてのものに本体はないのだから、すべての区別は虚妄なのである。私は十二年間女性の本体をさがし求めてきましたが、いまもってそれが得られません、と天女はいう。男性の本体も、凡夫の本体も、仏陀の本体も、どれほどさがし求めてもあるはずはないのである。それらの区別された本体は人の思惟のなかにしかない。すべての区別は幻の区別のように、空なるもののあらわれにすぎない。その空性こそがものの本性であり、その本性はつくられることもなく、かわることもない、とブッダは説いた。『八千頌』第八章においてもブッダはいう。

スブーティよ、たとえば、供養されるべき、完全にさとった如来が命の尽きるまで立ちどまって虚空の美しさをたたえようとも、虚空は増大しない。美しさをたたえられなくても、虚空はけっして減少しない。またたとえば、スブーティよ、幻の人は美しさをたたえられても誘われもしないし、苦しめられもしない。美しさをたたえられなくても、挫《くじ》けもせず、苦しめられもしない。ちょうどそのように、スブーティよ、諸事物にある「ものの本性」(法性)というものは、説かれていてもそのままであり、説かれなくてもそのまま(変わらないの)だ。

『維摩経』の第八章「不二の法門にはいる」は、この経典の精粋である。そこでヴィマラキールティは集まっている菩薩たちに質問する。「高貴なかたがたよ、菩薩が不二の法門にはいるということがありますが、それはどういうことなのか、説明していただきたく存じます」と。三十二人の菩薩が次々と自分の所信を述べ、そこに大乗の法界が顕現する。そのすべてをここにあげることはできないが、何人かの菩薩の答えの要旨を紹介しよう。最後の部分以外では菩薩の名前は省略し、発言の順番のみを記しておく。

一　生じることと滅することとが二である。ところで、生じることなく起こることがないばあいには、滅することはまったくない。法は無生であるとの確信（無生法忍）を得ること、これが不二にはいることです。

三　汚れといい、浄めという、これが二である。もし汚れを十分に知るならば、浄めに対する妄信もなくなる。あらゆる妄信が破られることへ導く道、これが不二にはいることです。

八　善と悪とが二である。善と悪とを探し求めず、特質（因相）も無特質（無因相）も異ならないと知れば、それが不二にはいることです。

一〇　これは煩悩を伴い（有漏《うろ》）、これには煩悩がない（無漏《むろ》）というのが二である。平等性をもって存在を知り、煩悩・無煩悩の観念がなく、またないのでもない。平等性についても平等性を得たというのでもなく、（すべての）観念の結びめがほどかれる。このように理解するならば、これが不二にはいることです。

一二　これが世間的なもの、これが超世間的なものというのが二である。しかし、世間の本性が空であるばあい、そこにはなんらそこから（超世間へ）出ることもなく、そこへはいることもなく、行くことも行かないこともない。出ることもなく、はいることもなく、行くことも行かないこともない。このことが不二にはいることです。

一三　輪廻と涅槃というのが二である。輪廻の本質をみきわめることによって、もはや輪廻せず、したがって涅槃にもはいらない、というように理解することが、不二にはいることです。

二七　認識によって、二の対立が現実化するが、認識のないところには二はない。それゆえ、（認識の結果として）承認したり拒否したりすることのないことが、不二にはいることです。

三二　以上のように、これらの菩薩たちは、おのおの自分の説を述べおわって、マンジュシリー（文殊）に向かって質問した。「マンジュシリーよ、菩薩が不二にはいるとは、どのようなことですか」

マンジュシリーが答える。「高貴な人よ、あなたがたの説はすべてよろしいが、しかし、あなたがたの説いたところは、それもまたすべて二なのである。なんらのことばも説かず、無語、無言、無説、無表示であり、説かないということも言わない。これが不二にはいることです」

三三　そこで、マンジュシリーはヴィマラキールティに言った。「われわれはおのおの説を述べたのですが、あなたにもまた、不二の法門について、何か語っていただきたいのですが」

そのとき、ヴィマラキールティは、口をつぐんで一言も言わなかった。

するとマンジュシリーは、ヴィマラキールティをたたえて言った。「大いに結構です。良家の子よ、これこそ菩薩が不二にはいることであって、そこには文字もなく、ことばもなく、心がはたらくこともない」

残り少ない紙数を考えて私が省略せざるを得なかった菩薩たちの発言をも含めて、ここにあらわれる三十二人の菩薩の見解はいずれも傾聴にあたいする。しかし、やはり最後のマンジュシリーの見解とヴィマラキールティの「雷のごとき一黙」とが、この場面のクライマックスである。それはただドラマの頂点であるだけでなく、般若思想の頂点でもある。

なぜマンジュシリーは、不二とはなんらのことばも説かないことだ、といい、なぜヴィマラキールティは黙して語らなかったのであろうか。それは有為と無為、有漏と無漏、生死と涅槃、世間と出世間、煩悩と菩提、ひいては五蘊・十二処・十八界・五位七十五法というような範疇によって区別された本体とは、実在するものではなくて、ことばの意味の実体化されたにすぎないものであるからである。過去・現在・未来にわたって恒常であり、それ自身として、他のものに依存することなく自立的に存在する本体とは人間の思惟の世界における概念としてしか存在しない。現に実在するものは、各瞬間に変化する無常なものであり、他の多くのものを原因とし、他のものに依存してのみ現象する、他律的なものである。たとえば私の目の前にある机という個物は机という本体をもっていない。なるほど私がその前にすわってその上で原稿を書けば、それは机である。しかし私がそれに腰かければそれは椅子以外の何であろうか。私が斧でそれを叩き割ればたちまちそれは薪になり、ストーブに入れれば灰になり、雲散霧消して無に帰する。それは恒常ではない。机は木材と塗料と金具と家具工の技術などを原因として作られたもので、けっして自立的なものではない。また私の目の前にある机と隣りの部屋の机とはまったく異なった個物であって、範疇や概念のもつ普遍性、「机一般」という性質などはありはしない。もし机という本体があるならば、本体は普遍的、恒常的であるはずだから、それはつねにすべてのものにとって同一の実体と機能をもつはずである。しかし現実には、私はその上で書物を読むが、子供はその上に跳ね上がって遊び、猫は寝台としてねそべり、犬は寄ってきて片足をあげる。そのようにさまざまな認識とさまざまな効用が起こるのは、その机に机の本体がないからである。机は机として空であり、本体は思惟における概念にすぎない。愛情は凡夫にとっては迷いの絆《きずな》であるけれども、菩薩や仏陀にとっては有情を見捨てない慈悲である。どうしてそこにただ煩悩という本体だけを認めることができようか。

マンジュシリーはいう。ことばを離れれば本体の空なる世界が見える。すべてのものが空であればいかなる区別もないから、不二である、と。ヴィマラキールティは黙ってマンジュシリーを承認したのである。『八千頌』第二十九章にいう。「あらゆるものが名前だけ、言語表現だけで述べられるにすぎないということから、知恵の完成に近づくべきである。しかし、いかなるものについての言語表現もなく、いかなるものから（生じる言語表現）もなく、いかなる言語表現も存在しないのである。あらゆるものは言語表現を離れ、言説を離れ、表現されず、言説されないということから、知恵の完成に近づくべきである」

『八千頌』第一章の初めで、ブッダはスブーティに向かって、菩薩大士の知恵の完成についてブッダにかわって説くように、といいつける。スブーティは、自分は菩薩というものをも、また知恵の完成というものをも、見ず、知らず、認識できません、といい、さらに、菩薩も知恵の完成も認識できないと聞いてもおそれず、おののかない菩薩大士だけが知恵の完成を理解できるのだ、という意味のことを語っている。ここで、菩薩と知恵の完成が認識されない、といっていることは、仏陀も仏陀の全知者性あるいは涅槃をはじめとするすべてのもの、宗教的なものも世俗的なものも、あらゆるものは認識できないということである。人間の認識はいつでも概念と名辞、いいかえればことばをそのもっとも重要な要素としている。だから、認識されない（無所得）ということは、ことばであらわされない、ということである。「すべてのものは生じもしないし滅しもしないと容認すること」は無生法忍といわれ、『般若経』をはじめとしてすべての大乗経典の強調する菩薩大士の知恵であるが、この無生法忍も、ものを認識してそれに執着することを離れることにほかならない。ものをことばと認識によってとらえないこと、いいかえれば、ものにはことばと認識のさし示す本体が空であること、それを知ることが無生法忍という空の知恵である。そして知恵の完成とは空性の知恵の完成にほかならない。『八千頌』第七章はこのような意味を総括していう。

スブーティよ、この知恵の完成は群（五蘊）、種（十八界）、領域（十二処）など（の範疇）によって説明したり、聞いたり、見たり、注意したり、確かめたり、反省したりすることはできないのだ。それはなぜか。スブーティよ、すべてのものが（特徴を）離脱しているために、すべてのものが絶対的に離脱しているために、スブーティよ、知恵の完成は、説明したり、聞いたり、見たり、注意したり、確かめたり、反省したりすることができないのである。けれども、群、種、領域（の範疇）とは別なところでも、知恵の完成は知ることができない。それはなぜか。スブーティよ、実は群、種、領域というものは空であり、離脱しており、静寂であるからだ。そういうわけで、知恵の完成と群、種、領域というこれは空であり、離脱しているために、不二であり、分けることのできないものなのである。このように静寂であるために認識できない。すべてのものが認識されないこと、それが知恵の完成であるといわれる。表象、名前、仮説、ことばが存在しないとき、そのとき知恵の完成がある、といわれるのである。

知恵の完成はことばでとらえられない、ということは、それがことばでないものによってとらえられることを意味しない。ことばが空であることによってことばも知恵の完成と不二である、ということなのである。空なるものとして語られることばは知恵の完成を、さとりの風光を描きだすこともできるのである。涅槃、解脱、さとりは煩悩、輪廻、迷いのなかにあるのではないが、それらのないところにあるのでもない。煩悩、輪廻、迷いは空であることによって涅槃、解脱、さとりと分けられず、不二であるのである。

般若波羅蜜

原始仏教以来、道徳的、宗教的徳目の中心であったのは五戒と八正道である。五戒は、殺生・盗み・淫らなこと・虚言・飲酒を慎しむことで、出家にも在家にも共通した徳目であった――第三の不淫の場合、出家は徹底した性的禁欲をまもり、在家は配偶者以外の者と淫らなことをしない、という差はあったが。八正道は、正しい見解（正見）・正しい決意（正思惟）・正しい言葉（正語）・正しい行為（正業）・正しい生活（正命）・正しい努力（正精進）・正しい思念（正念）・正しい瞑想（正定）の八つで、シャーキヤ・ムニの最初の説法以来、比丘の中心的な修道徳目であった。「般若経」をはじめとして大乗の諸経典の時代になると、五戒の比重は軽くなる。そのかわりに、道徳としては十種の善い行為の道(十善業道《じゅうぜんごうどう》)が強調された。これは、殺生・盗み・淫らなこと・虚言・陰口・荒々しいことば・首尾一貫しないおしゃべり・貪り・怒り・誤った見解の十種をみずからも慎しみ、ひとにも慎しむようにすすめることである。十善業道は五戒にくらべると、飲酒の条項が欠け、かわりにことばについての徳目がくわしくなっていること、誤った見解を慎しむという、もとは八正道のなかの第一徳目であったものがとり入れられていることに特色がある。

部派仏教から大乗経典にいたる時代には八正道は三十七種のさとりの助けとなる精神要素(三十七菩提分法《ぼだいぶんぽう》)のなかに吸収されているのがつねである。三十七菩提分法は四念処《ねんじょ》・四正勤《しょうごん》・四神足《じんそく》・五根・五力・七覚支《かくし》・八正道支の総称である。四念処は、身体は不浄、感受は苦、心は無常、ものに自我はないとする四種の観法である。四正勤は、いまだ生じない悪を生ぜしめない、すでに生じた悪を断つ、いまだ生じない善を生ぜしめ、すでに生じた善を増大する四種の正しい努力である。四神足は、すぐれた瞑想を得ようとする願望・努力・心の訓練・思惟観察の四つで、神通のよりどころとなるものである。五根は、信・精進・思念・禅定・知恵の五種の能力のこと。五力は、信力・精進力・憶念の力・禅定の力・知恵の力の五つ。七覚支は、憶念・知恵によってものの真偽を選択すること・精進・正法に歓喜することと・身心の軽快安穏・禅定・平静というさとりの知恵を助ける七つのもののことである。八正道支は八正道に同じ。以上の七種を合計して三十七菩提分法という。これらの徳目は「般若経」をはじめとする大乗経典にもしばしば言及される。また原始仏教以来の四摂法《ししょうぼう》も大乗仏教にうけつがれている。贈り物をする（布施）・やさしいことばで話しかける（愛語）・他人の役に立つ（利行《りぎょう》）・相手の身になって行動する（同事）という、対人関係を善くする四つの徳目である。

ヨーガもくわしく言及されている。四無量心は、他者に幸福を与える慈・他者の苦悩を救う悲・他者の幸福を喜ぶ喜・平静さである捨という四つの心を無限にまで拡げてゆくことである。四禅は、欲望と悪から解放されて精神が集中され思慮と満足感にみちた初禅・内面の浄らかさのましてくる第二禅・平静さのましてくる第三禅・不苦不楽となって平静と精神集中の徹底する第四禅という四つの段階のヨーガである。四無《しむ》色定《しきじょう》は、四禅の上にある四段階で、虚空は無限であるという境地（空無《くうむ》辺処《へんしょ》）・識は無限であるという境地（識無辺処）・何ものもないという境地（無《む》所有《しょう》処《しょ》）・想念もなく想念の否定もないという境地（非想非非想《ひそうひひそう》処《しょ》）と呼ばれる。五神通《じんづう》あるいは六神通は、禅定の修行によって得られる超能力で、思いどおりに飛行し、変身し、ものを変化させる神足《じんそく》通・すべての世間の事物を見通す天眼《てんげん》通・世間のすべての音声を聞く天耳《てんに》通・他人の心を見通す他心通・自分や他人の過去の世における生存状態を知る宿命《しゅくみょう》通・煩悩をすべて断ち終わり二度と迷界に生じないと自覚する漏尽《ろじん》通の六つである。最後の漏尽通を除いたときは五神通といわれる。

これらの道徳、修道の諸徳目や、それらの修習によって得られる結果である預流・一来・不還・阿羅漢という聖者の四階位さらに独覚の位は、原始仏教から部派仏教の時代にわたって発展し、整理されてきたもので、「般若経」をはじめとする大乗経典にも受けつがれ、しばしば言及されている。しかし、他方で「般若経」は、これら従来の道徳と修道の諸徳目とその修習の結果である聖者の位のすべてを総括し、しかもそれらにはるかにまさるものとして「六種のパーラミター」(六波羅蜜)を主張した。

パーラミターは「完成」であるとともに、その完成に到達するための導きとなる教え、経典、および修行の道をも意味するから、六種のパーラミターとは「六種の完成への道」でもある。具体的には施与(布施)・道徳(持戒)・忍耐(忍辱《にんにく》)・努力(精進)・瞑想(禅定)・知恵(智慧)の六つである。これらの六種は、さきに述べた五戒、十善業道から三十七菩提分法、四禅、四無色定などにいたる諸徳目にかわるものであり、新たに大乗の菩薩の徳目としてかかげられた。

六種のパーラミターは六種であるけれども、初めの五つは第六の知恵のパーラミター、知恵の完成に集約され、それに根拠づけられ、それを目標とするものであった。その知恵の完成とは内容的には仏陀の無上にして完全なさとり、仏陀の全知者性にほかならない。そしてこの目標は声聞の聖者の最高なるものである阿羅漢や独覚の階位をはるかに超えるものであった。知恵の完成は修行の目標、結果としては仏陀の階位である。知恵の完成は、存在論的には、宇宙に遍満し、永遠なる真理としての仏陀の法身、ものの本性（法性）、さとりの世界（法界）である。知恵の完成は、認識論的には、ものの真相（真如）であり、空性であり、清浄、離脱といいかえられたのである。

『八千頌』第三章では、十善業道や四禅をはじめとするすべての道徳、宗教的行為が世に栄えるのは知恵の完成のおかげである、と説いている。

たとえば、カウシカよ、月輪の（光の）おかげで、すべての薬草や星はその力や勢いに応じて輝き、星宿もその力や勢いに応じて輝く。ちょうどそのように、カウシカよ、供養されるべき、完全にさとった如来がなくなったために正しい教えが消えたときには、供養されるべき、完全にさとった如来は世間に生じていないのだから、なんらかの宗教的行為、（自他）平等の行為、たぐいない行為、善い行為が世間において知られ、栄えるとすれば、それはみな菩薩より生じ、菩薩によって栄えさせられ、菩薩の巧みな手だてから起こったものである。そして、その菩薩たちの巧みな手だては知恵の完成から生じているのだ、と知らねばならない。

六種の完成への道の項目そのもの、施与・道徳・忍耐・努力・瞑想・知恵は、従来の諸徳目とくに変わってはいない。施与は原始仏教や部派仏教では、在家の信者が出家の比丘に贈り物をすることが中心となっていた。大乗仏教では、出家も在家もすべての仏教者が菩薩でありうるためもあるが、仏教の修行者である菩薩がすべての他の有情に、自己の身命をも含めて、あらゆるものを与えることであって、これは大乗の特色といえはする。また、極端な自己犠牲を意味する忍耐が従来より強調されていることも六種の完成への道の特色といえよう。たとえば八正道の精神であった冷静、穏和、中庸といった性格にかわって、六種の完成への道をつらぬくものは、英雄的な、極度の自己放棄と勇気であるといってよい。けれども、それすらもジャータカなどにはすでにあらわれていたものであって、大乗固有のものとはいえない。ではいったい、何が六種の完成への道の本質なのであるか。それは無執着ということである。

たとえ菩薩がガンガー河の砂の数ほどのカルパ（劫）という長いあいだ世にとどまって、あらゆる有情のために、あらゆるものを施与しても、もし彼が認識への執着をいだいているならば、その施与は意味を失ってしまう。同じように、彼がどれほどすぐれた道徳を守り、いかにそしられ、ののしられてもそれを忍耐し、いかなる眠けや遅鈍さにも負けないで努力し、いかに長いあいだ四禅の瞑想に沈潜しようとも、もし彼が少しでも認識への執着をいだいてそれらを行なうならば、それはさとりに導かない（『八千頌』第六章）。認識への執着とは事物の特徴、本体を認識し、自己を意識することである。その「認識」を否定する空の知恵なしには、いかなる道徳も修道もさとりに志向するものとはならない。

スブーティよ、このように道を追求する菩薩大士は、物質的存在に対して執着を生ぜず、感覚、表象、意欲に対しても、思惟に対しても執着を生ぜず、眼に執着を生ぜず、ないし心との接触によって生ずる感情にいたるまでも執着を生ぜず、地の要素に執着を生ぜず、ないし認識の要素にいたるまでも執着を生ぜず、施与の完成に執着を生ぜず、道徳の完成、忍耐の完成、努力の完成、瞑想の完成、知恵の完成にも執着を生ぜず、さとりの助けになる諸要素（菩提分）、（如来の）力、自信、透徹せる知、仏陀の十八の他と共通しない特性にも執着を生ぜず、預流果に執着を生ぜず、一来果、不還果、阿羅漢のさとりにも執着を生ぜず、独覚のさとりに執着を生ぜず、仏陀のさとりに執着を生ぜず、全知者性にも執着を生じないのである。それはなぜかというと、スブーティよ、全知者性というものは執着を離れ、束縛されず、解放されず、超越されもしないからである。スブーティよ、菩薩大士は、実にこのようにすべての執着を超越しようとして、知恵の完成への道を追求せねばならない（『八千頌』第八章）。

このような無執着は空の知恵にもとづき、空の知恵は知恵の完成の本質であるから、知恵の完成は他の五つの完成の根拠である。『八千頌』第三章でアーナンダは、この章の問答を通じて、なぜブッダは施与・道徳・忍耐・努力・瞑想の完成の名前も宣《の》べずに、知恵の完成一つを称讃されたのですか、と問う。ブッダはいう。

知恵の完成は（他の）五つの完成に先だつものであり、その案内者であり、指導者である。このような仕方で、五つの完成は知恵の完成のなかに含まれている。アーナンダよ、知恵の完成というのは、六種の完成の完全性に対する異名である。それゆえに、アーナンダよ、知恵の完成が宣べられるときには、六種すべての完成が宣べられたことになるのである。

たとえば、アーナンダよ、大地に蒔《ま》かれた種子がすべての補助因を得るならば、かならず成長する。大地はそれらの種子の基礎である。それらの種子は大地に支えられて成長するのである。ちょうどそのように、アーナンダよ、知恵の完成にとりいれられて（他の）五種の完成は全知者性のなかに立つのである。知恵の完成に支えられて五種の完成は成長し、そして、知恵の完成に守られているからこそ完成という名前を得るのである。それゆえに、アーナンダよ、知恵の完成こそ（他の）五種の完成に先だつものであり、その案内者であり、指導者である。

『八千頌』第七章でも、シャーリプトラがブッダの意を受けてカウシカ（帝釈天）に向かっていう。

カウシカよ、実に、全知者性への道にはいるためには、知恵の完成こそが（他の）五つの完成に先だつものなのです。カウシカよ、たとえば生まれつきの盲目の人は、たとえ百人であれ、千人であれ、十万人であれ、導き手なしには道を行くことができず、村や都や街へ達することもできません。それと同じように、カウシカよ、施与、道徳、忍耐、努力、瞑想は、知恵の完成（に伴われること）なくしては、完成という名前を得ることはなく、生まれつきの盲目の人と同じである。導き手がないために全知者性への道にはいることができない。まして全知者性に到達することが、どうしてできようか。けれども、カウシカよ、施与、道徳、忍耐、努力、瞑想が知恵の完成によってまもられているときには、完成という名前を得、完成ということばで呼ばれるのです。そのとき、これらの五つの完成は全知者性への道にはいるための、また全知者性に到達するための眼をもつにいたるのです。

廻向《えこう》——ふりむけの思想

施与・道徳・忍耐・努力・瞑想という五つの完成への道にふくまれる道徳的、宗教的な諸徳目は知恵の完成の案内によって全知者性、無上にして完全なさとりのほうへ導かれる。知恵の完成が他の五つの完成の眼であり、基礎であるといわれるのは、それが他の五つの徳目をさとりのほうへ「ふりむける」つまり廻向するからである。そのように「最高に」不思議な作用をもつから、その知恵は最高であり、「完成《パーラミター》」といわれる。そしてその知恵の完成によって全知者性に廻向《ふりむけ》られた五つの完成への道も「完成」といわれる。ここには「廻向」という、「般若経」で、そして大乗仏教で初めてあらわれる思想がある。前節で引用した第三章のアーナンダとブッダの問答はその点にもふれている。

「……知恵の完成は(他の)五つの完成に先だつものだからである。アーナンダよ、お前はどう思うか。もし施与(の功徳)が全知者性(の獲得のため)にふりむけ(廻向)られるような仕方でなさ)れないならば、それは施与の完成という名前を得るであろうか」

アーナンダ長老は言った。

「そうではありません、世尊よ」

世尊はお続けになった。

「アーナンダよ、(全知者性のほうへ)ふりむけられていない道徳、ふりむけられていない忍耐、ふりむけられていない努力、ふりむけられていない瞑想について、お前はどう思うか。アーナンダよ、お前はどう思うか。全知者性のほうへふりむけられていない知恵は、知恵の完成という名前を得るであろうか」

　アーナンダはお答えした。

「そうではありません、世尊よ」

　世尊はお続けになった。

「アーナンダよ、お前はどう思うか。多くの幸福の原因となる行為（善根）を、全知者性のほうへふりむけるという仕方で発展させる、その知恵は不思議ではないか」

　アーナンダはお答えした。

「そのとおりです、世尊よ。まことにそのとおりです。善く逝《ゆ》ける人よ。多くの幸福の原因となる行為を、全知者性のほうへふりむけるという仕方で発展させる、その知恵は不思議です。世尊よ、その知恵は最高に不思議です」

　世尊はお続けになった。

「だから、アーナンダよ、その知恵は最高のものであるから、完成という名前を得るのである。そして、その（知恵）によって全知者性のほうへふりむけられた多くの幸福の原因となる行為が、完成という名を得るにいたるのである……」

「廻向」（pariṇāmanā）という語は「むきを変えさせること」の意味で、「変化させ、発展させること」を含意する。仏教学者渡辺照宏氏が指摘しておられるように（岩波新書『仏教』第二版　二〇三ページ）、もともとはこのことばは「本来の趣意とは違う目的に転用する」という意で、たとえば律の規定〔三十捨堕〕のなかで、「僧団に寄付された物を個人の用に宛てる」〔回僧物〕というような場合に用いられていて、それは教義的な術語ではなかった。それが「般若経」になると、本来はそれぞれ異なった目標に向かっている道徳や宗教の諸徳目を、全知者性という唯一のそして普遍的な真理の達成という方向にむきを変えさせる、という意味で使われるようになり、大乗仏教においてきわめて重要な意義をもつ術語に発展してゆく。

『八千頌』第四章末尾においてブッダはいう。

カウシカよ、六種すべての完成を菩薩大士は追求するのである。けれども、カウシカよ、そのばあい、知恵の完成こそが先だつのである。菩薩大士が施与（布施）を行なうとき、道徳（持戒）を守るとき、忍耐（忍辱）によって成功するとき、努力（精進）をはじめるとき、瞑想（禅定）にはいるとき、あるいは教えを考察するとき、菩薩大士にとって知恵の完成が先んじているのである。

けれども、カウシカよ、巧みな手だてを伴い、知恵の完成のほうへ廻向《ふりむけ》られ、全知者性のほうへ廻向《ふりむけ》られている、これらの六種の完成（への修行）には区別はないし、種別も認められない。たとえば、カウシカよ、ジャムブドゥヴィーパ（インド）には、いろいろな色をし、いろいろなかたちをし、いろいろな葉をもち、いろいろな花をつけ、いろいろな実をみのらせ、いろいろな高さや周囲をもった、いろいろな樹木があるけれども、それらの樹木の影には区別も変差も認められない。かえって、影は影であるという名前で呼ばれる。ちょうどそのように、カウシカよ、これらの六種の完成（への修行）は、巧みな手だてを伴い、知恵の完成のほうへ廻向《ふりむけ》られ、全知者性のほうへ廻向《ふりむけ》られているとき、何の区別もなく、また種別も認められないのである。

施与・道徳・忍耐・努力・瞑想・知恵というものは、本来は、富貴への、昇天への、あるいは神通力や知識の獲得への道であったであろう。それらの諸徳目がそれ自身の目標への方向を変えて、全知者性という最高の真理への道となるのは、知恵の完成という空性の知恵に導かれるからである。それらの諸徳目は本体が空であることによって全知者性と不二であり、区別がない。世間的な徳目も出世間的なものもともに空であり、平等である。そうであれば、世間的、道徳的な徳目も出世間的、宗教的なものと一つであり、その顕現であることになる。このような空の論理が廻向の思想を支えている。

『八千頌』第六章「随喜と廻向」は一見、奇異な感じを与える章である。ここでは、施与と道徳と修習（諸善や瞑想を修め習うこと）という、幸福をもたらす三種の善行徳目（三福業）が菩薩大士の随喜と廻向に比べられている。随喜は他人の善事を喜びたたえること、廻向はその他人の善事と自分の随喜の心とをさとりにふりむける意味であるけれども、ここでの随喜と廻向の対象は想像上のものである。大乗の菩薩は過去・未来・現在の無数の仏陀たちがさとりへの心を発《おこ》して以来、どれほどの修行をし、いかにすぐれた徳をそなえ、その教えに導かれた菩薩・声聞・独覚・在家の信者・神々や動物にいたるまでのものが、どれほど多くの善根を植えるかを心のなかで想像し、それらすべてに随喜して「それが無上にして完全なさとりをもたらすものとなれかし、と念じながら、随喜を伴った善行徳目を無上にして完全なさとりに廻向」する。このような想像された他人の善事に随喜し、それを無上にして完全なさとりにふりむけることは、世人の実際に行なう三種の善行徳目よりもはるかにすぐれ、秀でている、ということを、こと細かに説いている。

この章の趣意は、幸福をもたらす行為の認識に執着し、その対象と特徴と行為の主体を意識してなされる善根よりも、幻のごとき想像上の、しかも他人の善根に随喜することのほうがはるかにすぐれている、といいたいのである。そのような無執着の態度でなされる幻のごとく空なる善根でなければ、それを無上にして完全なさとりに発展させることはできない、といっているのである。ここでも徹底的に批判されているのは、主体と対象と特徴を認識し、意識し、執着して行なわれる善根というものの無意味さである。

シャーキヤ・ムニが世に出たころ、インドの知識人、貴族たちは輪廻という地獄の啓示にさいなまれていた。もともと、ひとは死後ヤマの楽園へ昇天して永遠の快楽を享受する、という楽天的な死生観をもってインドに入ってきたアーリア人にとって、ひとは昇天した後もそこでふたたび死に、生と死とを無限にくりかえすのだ、という新思想の発展は恐るべき衝撃であった。前六世紀ころにはこの思想はアーリア人の世界に定着し、およそ思想家、宗教家といわれる人々はまず第一にこの問題の解決に腐心しなければならなかった。シャーキヤ・ムニと時を同じくして活躍した思想家のなかには、唯物論的あるいは快楽主義的な立場から、輪廻の事実をやっきとなって否定した者たちもいるが、そのことは彼らにとってさえ輪廻が最大の関心事であったことを示すものにほかならない。しかも当時の多くの思想家はヨーガや苦行によって輪廻からの解放を模索しつづけた。王公や長者の子弟たちのなかにも、奢侈と享楽の無意味さを自覚し、それが引き起こすであろう来世における自分の不幸に対する恐怖から逃れようとして、家族を棄てて出家し、遊行の沙門（シュラマナ）となり、禁欲・苦行・瞑想を事とする生活にはいる者たちは多かった。シッダールタ（出家以前のシャーキヤ・ムニの名）もそうした一人であったのである。

インドでしだいに定形化された理論としての輪廻説によれば、ひとはこの世でなした善もしくは悪の行為に応じて、来世において幸福な、もしくは不幸な状態に生まれる。この過程には終末というものはなく、ひとは地獄・餓鬼・畜生・阿修羅・人間・天上の六種の世界をへめぐりつづける。たとえ善行の報いで天上の世界に神々の一人として生まれたとしても、そこで怠惰と享楽に身をまかすならば、ふたたび地獄その他の不幸な境遇に転落する。人間などに比べればより幸福である神々も依然として輪廻を超えた存在ではなかった。一神教の世界と異なって、インド人をはじめ仏教圏の諸民族は絶対的な救済者としての唯一なる「神」をもたなかったから、輪廻はそれから逃れるすべのない、どこまでも暗い死生観を生んでしまった。

輪廻説はつねに業報説と結びついて説かれた。善行は楽果に導き、悪行は苦果を引き起こし、しかも自己の行為の結果は、子孫や家族ではなくて、自己のみが引き受けねばならない。そこにはきびしい自己責任の倫理性がある。しかし、どんなに善い行為を積んだとしても、一時的な幸福が保証されるだけで、生死流転の輪そのものを超え出ることは永久に不可能である。「神」の恩寵にすがることのできなかったインド人は、輪廻を超越する道を、あるいはヨーガによって得られる神秘的直観のなかにたずね、あるいはブッダのように縁起と涅槃の理論に求めねばならなかったのである。

業報説は輪廻説にきびしい自己責任という倫理を与えた。もとより、インドにおいても業報輪廻の説が民間においてはくずれた形で信じられたことはあるとしても、仏教に受け入れられて定形となったものは、自己の善と悪の行為は楽と苦という結果としてかならず自己に帰るということを原理とするものであった。それは、たとえば「積善の家にかならず余慶あり、積不善の家にかならず余殃《よおう》あり」とか「親の因果が子に報い」というような、家族や子孫や他人同士のあいだでの因果関係ではけっしてなかった。原始仏教、部派仏教を通じて、その自己責任のきびしさと、善因楽果・悪因苦果という因果関係のきびしさとは維持されてきたのである。

ところが大乗仏教になると一つの異変が起こる。善根、つまり、幸福の原因となる善い行為を自己の幸福以外の方向へふりむける、廻向するという思想があらわれたのである。この「ふりむけ」の思想には二つの段階がある。第一は、善根を自己の幸福への方向から無上にして完全なさとり、仏陀の全知者性に向かって方向転換させる廻向であり、第二は、自己の善根を自己の幸福へではなく、他人の幸福、とくに至福としてのさとりにふりむける廻向である。

このばあい、第一の廻向がより基本的なもので、第二の廻向は、その成立が時代的にもややおくれ、論理的にも第一から派生する。『八千頌』は第一の廻向を説くのにもっぱらである。幸福の最高なるものはさとり、全知者性であり、それは自他の区別を超えて平等不二なものであるから、自己の善根を他人の幸福とさとりにふりむけるという第二の廻向は、自己の善根を全知者性にふりむけるという第一の廻向が成立すれば、おのずから可能となる。

『八千頌』が廻向という独創的な思想によって強調したことは二つある。一つは、自己の善悪の行為が自己のみの楽苦の果を生ずるという業報の原理、輪廻の悪無限性の超越であり、二つは、輪廻と解脱という区別を超えて、輪廻のなかに解脱を発見することである。そのいずれもが、知恵の完成によって可能となる。善悪の行為と禍福の結果との織りなす無限の循環は、行為が空性というさとりの世界にふりむけられることによって超え出られる。輪廻が空であり、解脱が空であることによって、迷いと悟りの区別が超えられる。廻向とは空性の知恵によって施与というような世俗的な行為を超世俗的なさとりの働きに変化させることにほかならない。迷いがそのまま悟りであることを知らせる。日の光によって種々様々な樹木がただ一つの影に変えられるように、知恵の完成によって種々様々な行為は空性のさとりに変えられる。それが廻向の働きにほかならないのである。

巧みな手だて

前節で引用した『八千頌』第四章にあらわれる樹木の影のたとえのなかに「巧みな手だてを伴い、知恵の完成のほうへ廻向《ふりむけ》られ、全知者性のほうへ廻向《ふりむけ》られている、これらの六種の完成（への修行）には区別はないし、種別も認められない」といわれているのをわれわれは見てきた。真実の廻向はつねに知恵の完成と「巧みな手だて」（善巧方便《ぜんぎょうほうべん》）と関係づけて語られる。第六章は、さきにもふれたように、人々の行なう施与・道徳・修習という三福業よりも、「想像された諸仏世尊の善根を全知者性に廻向することのほうが、はるかに大きな福徳を生む」といっていたのだが、しかもそのさい、もし菩薩がその大きな福徳を意識し、その廻向ということに執着しているならば、彼は無上にして完全なさとりに廻向することにはならない、と説かれる。そして、仏陀世尊たちの善根というものについても、廻向のばあいと同じように、その善根も幻のごとくに本体を離脱しており、静寂であり、それを廻向する主体である心というものも幻のごとくである、と菩薩大士が考え、さらにそういう考え方自体にも執着してはならない、といわれる。ここではのちに三輪清浄といわれるようになったこと――行為もその対象も主体も空であることが徹底した形で述べられている。そして、行為と対象と主体とについて「上述のように学ばねばならないが、それが実はその菩薩大士にとっての巧みな手だてである」と説かれる。

廻向については、それに執着せず、その特徴つまり本体を追求しないこと、いいかえれば、「廻向しないという仕方で、私は廻向します」ということが菩薩大士の巧みな手だてであるといわれた。『八千頌』第一章では、すべてのものは本体を棄て、特徴を棄てているから、認識されない、と述べたあとで、もし人が物質的存在、感覚、表象、意欲、思惟の本体を認識するならば、「彼は特徴を追求しているにほかならないのです。このような菩薩は巧みな手だてに熟練していないのだ、と知らねばなりません」とスブーティはいう。したがって、巧みな手だてとは空性という知恵の完成、いいかえれば、全知者性、無上にして完全なさとりに達するために、ものの特徴をとらえず、本体に執着しないという手だて、方法のことなのである。

空性の知恵を得るためにものに執着しないということが巧みな手だての基本的な意味であ

るけれども、ここには陥し穴がある。「ものは空である」「ものに執着しない」ということを意識すれば、それはただちに、空への執着、無執着への執着に堕してしまう。「空もまた空である」というような表現が「般若経」に多いことは、あるものを否定すればその否定自体が肯定されてしまって、その過程は果てしなく遡及する、というわれわれの意識の構造を「般若経」が熟知していたことを示している。無執着という態度を貫くためには、ひとは、ものに執着しない、という自分の意識の背後にある自己肯定、自己への執着を無限に遡って否定しつづけなければならない。その意識の構造を熟知することがまた巧みな手だてなのである。巧みな手だてに熟達していない菩薩は、ものの空、煩悩の止滅、輪廻からの脱出である涅槃を真実の究極として執着する結果、たちまち声聞・独覚の階位に落ちてしまって、仏陀の階位に達することができない。菩薩が菩薩大士として生きつづけるためには空の知恵と巧みな手だての両翼に守られつづけねばならない。

『八千頌』第十六章でブッダが空性という「ものの真相」(真如)を説くのを聞いていた比丘、比丘尼、神々たちとともに菩薩――菩薩大士ではない――たちの何人かは、もはや執着することなく、煩悩から解放されてしまう。それを見ていたブッダはシャーリプトラの問いに答えていう。

シャーリプトラよ、これらの菩薩たちは五百人の仏陀たちにお仕えしてきたのであり、あらゆるばあいに施与（布施）を行ない、道徳（持戒）をまもり、忍耐（忍辱《にんにく》）によって事を成就し、努力（精進）を尽くし、瞑想（禅定）を行じてきたのである。けれども、彼らは知恵の完成によってまもられず、巧みな手だて（善巧方便《ぜんぎょうほうべん》）をも欠いていたのである。そして、シャーリプトラよ、これらの菩薩たちも、空性とか、特徴のないこと（無相）の修行とか、願望を離れること（無願）への留意とかという道を修めてはいたのだけれども、しかし彼らは巧みな手だてを欠いているために、真実の究極（実際）を直証して、声聞の階位にはいってしまったのであって、仏陀の階位に（はいったの）ではない。

真実の究極を直証してしまう、といういいかたは「般若経」特有の表現である。なるほど、あらゆるものは空であるということは真実の究極である。しかしそれを究極、「果て」としてしまうことは、空そのものに執着してしまうことであり、菩薩大士の道ではない。空もまた空として否定され、究極もさらに究極なきものとして否定されねばならない。それが菩薩大士の知恵と方便という両翼である。それを知らなければ、いかに三十三天の大鵬であろうとも、両翼を破られ、切られていればジャムブドゥヴィーパの大地に落ちて、死ぬか、死ぬほどの苦しみを受けるように、菩薩大士も声聞・独覚の階位に落ちてしまう。『八千頌』第二十章はこの菩薩大士の巧みな手だてをさらにくわしく説いている。菩薩大士は空の瞑想にはいっていても、その空をさとって、それで終わりとして涅槃にはいってしまってはいけない。空の瞑想からもう一度立ち上がり、現象の世界に帰らねばならない。空と知りながら現象と世俗の世界に遊ばねばならない。ブッダはいう。

スブーティよ、菩薩大士はすべてのすぐれた様相をそなえた空性を観察するのであるが、しかし「私は直証しよう」と考えて観察するのではない。「それは直証されねばならない」と考えて観察するのでもない。（そうではなくて、）「私は熟知しよう」と観察するのである。「いまは熟知するときであって、直証するときではない」と考えて観察するのである。精神が集中されないときには、（瞑想の）対象に心をしっかりとつなぎ、「私は知恵の完成を会得するであろうが、直証してはいけない」と考える。その中間において、菩薩大士はさとりの（七）要素（覚支）を捨てはしないが、かといって煩悩（漏）を滅尽させもしない。ただそれを熟知するのである……彼は知恵の完成にまもられていながら、真実の究極を直証しはしない……。

スブーティよ、たとえば大きな鳥が虚空の中天を飛んでいて、地に落ちもせず、また何かの支えにとまっているのでもなくて、ただ虚空の中天を飛び、そこにも頼らず、とりついてもいない。ちょうどそのように、スブーティよ、菩薩大士は空性という暮らしによって暮らし、空性を熟知する。特徴なきこと（無相）という暮らしによって暮らし、特徴なきことを熟知する。願望を離れる（無願）という暮らしによって暮らし、願望を離れることを熟知している。しかも、仏陀の真理を完成せずに、空性、特徴なきこと、願望を離れることに陥ってしまいはしない……。

スブーティよ、知恵の完成への道を追求する菩薩大士は、巧みな手だてにまもられていて、その諸善根が無上にして完全な知恵において充分に成長し、完全に発展するにいたらないかぎりは、最高の真実の究極を直証しはしないのである。

ものに執着しないという心の態度から、ただちに煩悩を断じ真実の究極を直証して涅槃にはいりはしないという第二の段階にまで進んできた菩薩大士の巧みな手だては、さらに発展して第三の段階にはいる。それは、あらゆる有情を見捨てないということである。あるいはむしろ、あらゆる有情を見捨てないということが巧みな手だての目標であるから、そのために、ものに執着せず、涅槃にはいってしまわない、という二つの決意がなされるのだ、というべきかもしれない。『八千頌』第二十章はさらにいう。ある人に、菩薩大士の心がけを問われたときに、問われた菩薩が、

こう説明するとしよう。「菩薩大士は空性だけを心にかけなければならない。無特徴だけを、無願望だけを、無作為だけを、無起だけを、無生だけを、無存在だけを、菩薩大士は心にかけなければならないのである」と。もし彼（その菩薩大士）が、あらゆる有情を

見捨てないという心を発《おこ》すということを示さず、巧みな手だてをも説明しないならば、スブーティよ、このような菩薩大士は、かの過去の、供養されるべき、完全なさとりを得た如来たちによって、無上にして完全なさとりから退転することはないと予言されてはいないのだ、と知られるのである。それはなぜか。というのは、不退転の菩薩大士には（あらゆる有情を見捨てないという）特殊な徳性があるのであるが、その徳性を彼は示さず、明かさず、教えず、知らさず、質問されても説明せず、答えもしないし、不退転の菩薩大士にとっての階位であるべき、その階位にはいらせようともしないからである。

『八千頌』第二十章の描く理想的な大乗の菩薩を紹介しよう。

「たとえば、スブーティよ、あるきわめて英雄的な男がいるとしよう。きわめて精力的であり、身分は安定し、風采がよく、美しく、たいへん見るに快く、多くの徳性、すぐれた徳性、すぐれた能力、道徳、知識、犠牲的精神などの諸徳性をそなえているとしよう。学者であり、話術にたけ、（能弁の）ひらめきに満ち、その行為は完全で、（ものごとをなすに）時を知り、ところを知り、情況を知っているとしよう。弓術において最高の段階に達し、多様な攻撃を防ぐことができるとしよう。また、あらゆる技芸にきわめてすぐれ、あらゆる技術にこの上なく熟達して最高の段階に達しているとしよう。記憶がよく、知恵に満ち、理解力があり、（志操）堅固で、慎重に振舞い、あらゆる論書に精通しているとしよう。友人にめぐまれ、財産家であり、力があり、肢体が完全で、諸機能も円満で、あらゆる資財に事欠かず、多くの人々に愛され、魅力的であるとしよう。彼は何事にせよ、事業をはじめれば、それらすべてに成功する。道に従って言動し、あらゆるばあいに大きな利益を手に入れるとしよう。その大きな利益を手に入れて、多くの人々に分ち与える。敬うべきものを敬い、重んずべきものを重んじ、崇拝すべきものを崇拝し、供養すべきものを供養するとしよう。スブーティよ、お前はこれをどう思うか。いったい、この男はそのために大いに心喜び、歓喜し、愉悦と満足を生じているであろうか」

スブーティはお答えした。

「そのとおりです、世尊よ。まことにそのとおりです、善く逝ける人よ」

世尊はお続けになった。

「スブーティよ、このような偉大な繁栄を得ているこの男が、何かの原因のめぐり合わせで、父、母、子供、妻たちを伴って、大きな荒れた森のなかにはいってしまうとしよう。それはとても恐ろしく、人々の肝をつぶさせ、身の毛をよだたせるよう（な森）であるとしよう。彼はそのなかにいても、かの父、母、子供、妻たちを元気づけて言いきかせる。『おそれるな、おそれるな。私はお前たちをこのとても恐ろしく、こわい荒れた森から、安全に、幸せに、すみやかに連れ出してあげよう。すぐに解き放してあげよう』と。しかも、スブーティよ、その荒れた森のなかで、多くの敵対するもの、多くの反抗をなすものがこの男に近づいてくるとしよう。スブーティよ、お前はこれをどう思うか。いったい、この英雄的で、立ちあらわれた敵対者、反抗者たちによってもしりぞけられず、堅固な精気と力にめぐまれ、知恵があり、きわめて親切で、憐れみ深く、勇気に満ち、偉大な装備をそなえた男は、かの父、母、子供、妻たちを捨ててしまって、その恐ろしく、こわい荒れた森から、自分ひとりだけで逃げ出すはずであると思うか」

スブーティはお答えした。

「そうではありません、世尊よ。それはなぜかと申しますと、世尊よ、その男のその父、母、子供、妻たちは捨てられはしないからです。彼には内的にも外的にも強力な装備があり、その荒れた森のなかで、それらの敵対者、反抗者たちに対して、別な、より役だち、より勇気あり、より断固として攻撃的で、より偉大な対抗者、反撃者たちが彼の（味方として）存在し、守護するのです。それらの彼の敵対者、反抗者たちは（攻撃のために）弱点を求め、弱点を捜しても、弱点を見つけることはないでしょう。そのため、世尊よ、その有能な男は、負けもせず、傷つきもせずに、その父、母、子供、妻たちをみずからとともに、そのとても恐ろしく、こわい森から、安全に、幸せに、すみやかに連れ出すことができるし、村、街、あるいは都まで到着するでありましょう」

このようにいわれて、世尊はスブーティにつぎのように仰せられた。

「スブーティよ、ちょうどそのように、菩薩大士はあらゆる有情に利益をもたらし、同情的であり、慈しみを寄せ、憐れみを寄せ、喜びを施し、平等に接し、巧みな手だてと知恵の完成にまもられていて、諸善根を仏陀の是認される、正しい廻向の仕方で廻向して、空性、特徴なきこと、願望を離れることという解脱への門戸である（三種の）精神集中にはいるのであるが、しかし真実の究極を直証してしまいはしない。つまり、声聞の階位とか独覚の階位に（おけるさとりにとどまることは）ない。それはなぜか。というのは、彼には最も力強く、最も堅固な守護者、すなわち、知恵の完成と巧みな手だてとがあるからである。それによって彼に従うあらゆる有情は捨てられることなく、それによって彼のほうは幸せに、安全に、無上にして完全なさとりをさとることができるのである」

社会から遠離《おんり》し、閑静な処にひとり行ない澄ますことは、自分ひとりの涅槃を望む声聞・独覚にはふさわしい。しかし、ブッダは『八千頌』第二十一章でいう。「けれども、スブーティよ、私は菩薩大士に対してこの種の離脱、すなわち、山林、山中の洞窟、墓地、藁《わら》の堆積など、森のなかの、淋しい、社会を離れ、孤独な、種々の住まい（での暮らし）を説きはしないのである」と。菩薩大士にとっての空性、離脱とは、声聞や独覚にふさわしい考え方から離脱することである。「実に、知恵の完成と巧みな手だてによってまもられているものは、村の近くに暮らしていても、あらゆる有情に対する慈しみと偉大な憐れみの暮らしによって暮らすであろうし、この暮らしによって暮らすならば、彼はまさに離脱して暮らしているのである」

菩薩の階位

われわれはすでに、巧みな手だてを欠き、空に執着するために、声聞・独覚の階位に落ちてしまう菩薩のあることを見てきた。また、これに反して、知恵の完成と巧みな手だての両翼にまもられた不退転の菩薩大士のいることも見てきた。「般若経」はこのように菩薩の心構えやありかたを追求しているあいだに、何種類かの菩薩、あるいは菩薩の段階というものを確認してゆくようになる。『八千頌』第二十六章にある次の文章は、そのような菩薩の階位に言及したものとして注目されている。それは大衆部系統の仏伝『マハーヴァストゥ』(『大事』)にあらわれる菩薩の十の階位や、『二万五千頌般若経』などで整備される菩薩の四階位と関係し、さらに、のちに『十地経』で完成される菩薩の十地の思想の萌芽をなすものであるからである。

世尊よ、それらはじめて(大)乗に進み入った菩薩大士たちの発心を随喜し、菩薩の修行を行なうものたちの発心をも随喜し、もはや退転することのない(菩薩大士)たちの不退転の境位をも随喜し、もう一生だけ（迷界の生存に）束縛されている（一生補処《いっしょうふしょ》）菩薩大士の、もう一生だけ（迷界の生存に）束縛されている境位をも随喜する良家の男子や女子は、世尊よ、どれほど多くの福徳を得るでしょうか。

これは神々の主シャクラが随喜の福徳についてブッダに問いかける文章であるが、たまたまそのなかに菩薩の四階位が言及されている。これに続く文章のなかにも、この四階位についての説明はないし、『八千頌』の他のどこにも意識的に四階位を整理して論述している文章は存在しない。ただ第二十六章に先だつ『八千頌』のいくつかの章に、これらの四階位のいずれかにあたる菩薩の記述が断片的にあらわれるので、それに気づいた経典編集者が、散見される各段階をここに四つにまとめたのであろう。もっとも、『八千頌』の現存サンスクリット本には第二の階位にあたる「菩薩の修行を行なうものたちの発心をも随喜し」の一文は脱落しているので、これはチベット訳から補ったものである。訳語の相違はあるが、『八千頌』の諸漢訳にもこの四階位は言及されている。また、第四の「もう一生だけ（迷界の生存に）束縛されている（一生補処）菩薩大士」という呼び名はこの個所に一度あらわれるだけである。一生補処の菩薩の代表はマイトレーヤであるが、『八千頌』第十九章ではマイトレーヤは「無上にして完全なさとりにいたると予言されている」菩薩とされている。第十章では「さとりにいたることを予言された」は「退転することのない」と等置されているから、『八千頌』全体としては、第三の不退転と第四の一生補処とをはっきりと区別しているのではない。

しかしとにかく、『八千頌』生成のある段階で大乗の菩薩が「初めて大乗に進み入った」つまり漢訳で初発意《しょほつい》菩薩と呼ばれるもの、「菩薩の修行を行なう」行六波羅蜜菩薩、「もはや退転することのない」不退転菩薩、マイトレーヤのような「もう一生だけ（迷界の生存に）束縛されていて」次生には仏陀となる一生補処菩薩の四階位が数えられたのは確かである。

初発意菩薩のことは第六章、第十一章その他各所に記されている。菩薩乗による修行を始めたとはいえ、善根がまだ熟しておらず、知恵も宗教的志願も誠信も限られていて、深い意味のある知恵の完成が説かれるのを聞いてもそれを理解せず、かえって恐れをおぼえ、しばしば魔につけ入られて、「般若経」に対して疑惑をもち、それを捨てかねない人たちである。

第二の行六波羅蜜菩薩については第二十七章（ヴァイディヤ刊梵本　二二三ページ）にある。「知恵の完成への道を追求しているある菩薩大士たちは、あらゆるものは生じないと信じてはいるが、いまだものは生じないという真理の受容（無生法忍）を獲得してはいない。あらゆるものは静寂であると信じてはいるが、あらゆるものについて、不退転の自在力を獲得するにはいたっていない」と描かれる菩薩である。しかし、「アクショービヤ如来の菩薩（時代）の修行を忠実に模倣しながら、菩薩の修行道を追求し」、「ラトナケートゥ菩薩大士の菩薩としての修行を忠実に模倣しながら、菩薩の修行を追求する」人たちで、彼らの名前、氏姓、力、色、形が諸仏世尊によってほめたたえられる菩薩大士である。

第三の不退転菩薩は『八千頌』の多くの章にあらわれるほか、とくに第十七章「不退転の菩薩の形状としるしと証拠」の一章をあげて描写されている。十善業道を完全に実践し、知恵の完成の教えに傾倒していて、魔や悪人に誘惑されても脅迫されてもそれを捨てることがない。自分が無上にして完全なさとりに向かって進んでいてもはや退転することのない決定位にあることについて疑いをもたず、確信している。もっとも特徴的なことは、不退転の菩薩は、すべてのものは生じもしないし滅しもしないという確信、無生法忍を得ていて、過去の如来によって、無上にして完全なさとりにいたると予言されている、ことである。

第四の一生補処菩薩についての説明は見あたらない。おそらく、不退転菩薩のなかでもきわだった存在であるマイトレーヤを念頭において、最上位の、そして成仏の間近い菩薩大士をこう呼んだのであろう。

縁起と空

この書物を書き始めるにあたって、そして書きつづけているあいだ、「サダープラルディタとダルモードガタ」の物語が私の念頭を離れなかった。この書物をしめくくるこの最後の節で、私はもう一度この同じ物語に立ち帰ろうと思う。この物語のなかには「般若経」の思想の極点を示し、のちに中観哲学の祖ナーガールジュナ（龍樹）によって大成される空の「論理」に重要な示唆を与えたと思われる部分があるからである。

ナーガールジュナの空の思想の中核をなすものは、「ものはすべて他のものに依存して生起し、存在するから、本体として空である」という依存性（縁起）の論理である。説一切有部をはじめとする実在論的形而上学の構想する実体とは、自立・普遍・恒常・単一な本体であるが、そのようなものは概念、ことばとしてしか存在しない。現実のすべてのものは、自立的ではなくて他に依存し、普遍・恒常な単一者ではなくて個別的で無常な複合物である。だから事実としてのものには、本体は存在しないし、空である。

縁起、つまり、ものはすべて多くの原因、条件に縁《よ》って生起する、という理論はシャーキヤ・ムニが菩提樹の下で瞑想して発見した真理であった。ナーガールジュナはこの依存性の真理を空の思想と離れることのできないものとして結びつけた。それは原始仏教にも、部派仏教にも、明らかな形では存在しなかった独創的な思想である。しかし、それはナーガールジュナの新発見とはいえない。『八千頌』のなかで、ダルモードガタはサダープラルディタに同じことを説いていたのである。

サダープラルディタは、自分が瞑想しているあいだに、知恵の完成の真理性を保証し、それを追求している自分はやがて無上にして完全なさとりをさとるであろう、といって激励してくれた十方世界の諸仏如来たちは、いったいどこから来てどこへ去って行かれたのかをいぶかっていた。念願かなってダルモードガタに会うことのできた彼は、この疑問を提出して教えを請う。『八千頌』第三十一章はこの質問に対するダルモードガタの答えをもって幕をあげる。

「実に、良家の子よ、（それらの）如来たちはどこからくるのでも、（どこかへ）行くのでもありません。というのは、真相（真如）は不動であって、真相こそ如来にほかならないからです。良家の子よ、生じないものはきたり行ったりしません。しかも、生じないものこそは如来にほかならないのです。良家の子よ、真実の究極（実際）としては去来は知られません。しかも、真実の究極こそは如来にほかならないのです。良家の子よ、空性には去来は知られません。しかも、空性こそは如来にほかならないのです……。

たとえば、良家の子よ、夏の最後の月に近づいたころ、夏の暑い日射しに照りつけられた男が、真昼時に蜃気楼で水が流れているのを見るとしましょう。彼は、〈ここで水を飲もう。ここで飲み物を飲もう〉と、あちこちと駆けつけるとしましょう。良家の子よ、あなたはこれをどう思いますか。いったい、この水はどこからきたのであり、この水はどこへ行くのでしょう。東の大海へなのですか。南へなのですか、西へなのですか、北へなのですか」

サダープラルディタは答えた。

「良家の子よ、実に、蜃気楼には水は存在しません。いわんや、どうしてその（水）の去来が知られましょうか。また、良家の子よ、その夏の暑い日射しに照りつけられた男は、愚かもの、知恵劣るものであって、蜃気楼を見て、水でないものにおいて水との観念をいだくのです。また、そこ（蜃気楼）には水は本体として存在しはしないのです」

ダルモードガタは告げた。

「そのとおりです、良家の子よ。まことにそのとおりです。ちょうどそのように、良家の子よ、如来の色形や音声に執着しているものはだれでも、如来がこられるとか、去られるとかと妄想するのです。しかし、如来の去来を妄想するものはすべて、ちょうど、水でないものにおいて水との観念をいだくかの男のように、愚かもの、知恵劣るものというべきです。それはなぜかといいますと、如来は物質を身体とするもの（色身）として見られるべきでないからです。如来たちは真理を身体とするもの、すなわち法身なのです。良家の子よ、ものの本性（法性）はきたり行ったりしません。良家の子よ、ちょうどそのように、如来たちには去来は存在しないのです。

良家の子よ、たとえば、幻術師が魔法でつくり出した象兵隊、騎兵隊、戦車隊、歩兵隊がきたり行ったりすることはありません。それと同じように、良家の子よ、如来には去来は存在しないのです。

良家の子よ、たとえば、眠っている男が夢のなかで、ひとりの如来、あるいはふたり、三人、四人、五人、六人、七人、八人、九人、十人、二十人、三十人、四十人、五十人、百人、千人、それよりさらに多数（の如来たち）を見るとしましょう。彼は目が覚めると、ひとりの如来さえも見ないとしましょう。良家の子よ、あなたはこれをどう思いますか。いったい、それらの如来たちはどこからこられ、それらの如来たちはどこへ行かれたのでしょう」

サダープラルディタは答えた。

「ですが、良家の子よ、夢のなかでは、いかなるものの実在性も知られません。夢は欺くものであり、虚妄なるものです」

ダルモードガタは続けた。

「良家の子よ、ちょうどそのように、世尊は〈あらゆるものは夢のようだ〉と仰せになりました。良家の子よ、如来が教示されたように、あらゆるものが夢のようなものである、とありのままに知らないものはだれでも、如来を名前の集合や物質的な身体として執着して、如来たちの去来を妄想するのです……それにひきかえ、良家の子よ、〈あらゆるものは夢のようだ〉と如来が教示されたように、あらゆるものを夢のようである、とありのままに知るものたちは、何ものの去来も生滅も妄想しはしません。そして、何ものの去来も生滅も妄想しないものたちは、ものの本性として如来を知っており、如来をものの本性として知っているものたちは、如来たちの去来を妄想しはしないのです。如来のかかる、ものの本性を知るものたちは、無上にして完全なさとりの間近にいて道を行き、知恵の完成への道を追求しているのです。彼ら世尊の弟子たちは国土の施す食物を徒食しているのではなく、彼らは世間の人々に尊敬される人々なのです。

良家の子よ、たとえば、大海のなかにあるいろいろな宝は、東の方角からくるのでもなく、南からでもなく、西からでもなく、北からでもなく、（東南などの）四維からでもなく、下からでも、上からでもなく、いかなる場所や方角からくるのでもなくて、有情たちの善い果報を生じる行為（善根）にもとづいて、いろいろな宝は大海のなかに生じるのです。それらのものは原因なくして生じるのでなく、原因、条件、理由に依存し、依拠して生じた（縁起）ものなのです。滅しつつあるときも、それらの宝は十方の世界のいずれにも移動するのではありません。そうではなくて、ある諸条件が存在するあいだ、それらの宝はあらわれ、その諸条件が存在しないならば、それらの宝はあらわれないのです。

ちょうどそのように、良家の子よ、それらの如来の完全な身体は、十方にあるどの世界からきたのでもなく、十方の世界のいずれかへ去るのでもないのです。しかし、（だからといって）、諸仏世尊の身体は原因のないものではなく、以前に行なった修行によって完成され、原因や条件に依存し、理由あって生じ、以前に行なった行ないの成熟によって生じているのです。それ（世尊の身体）は十方のどの世界にも存在しません。けれども、ある諸条件があるあいだ、身体は出現し、その諸条件がないならば、身体の出現は知られないのです。

良家の子よ、たとえば、弦楽器《ヴィーナー》の音が生じつつあるからといって、（音は）どこからくるのでもないし、消えつつあるからといって、どこかへ行くのでもなく、どこかへ移るわけのものでもなく、原因や条件の総体に依存して生じるのであって、原因に依存し、条件に依存したものです。すなわち、（弦楽器の）胴体を条件とし、皮を条件とし、弦を条件とし、棹《さお》を条件とし、柱《じ》を条件とし、撥《ばち》を条件とし、（演奏する）人の（加える）それにふさわしい努力を条件として、このように原因に依存し、条件に依存したものとして、弦楽器の音はあらわれるのです。しかし、その音は胴体から発生するのでもなく、皮、弦、棹、柱、撥からでもなく、（演奏する）人の（加える）それにふさわしい努力から発生するのでもなくて、（それら）すべて（の因縁）の和合から音があらわされるのです。（ですから）、消えつつある音もどこへも去ることはないのです。

良家の子よ、ちょうどそのように、諸仏世尊の身体の完成は原因に依存し、条件に依存し、多くの善い果報の原因となる行為の実行によって成就されたものであって、一つの原因だけ、一つの条件だけ、一つの善い果報の原因となる行為だけから仏陀の身体は顕現するのではないし、また、（その顕現は）原因のないものでもないのです。多くの因縁がすべて集まったとき生じたのですから、それ（身体の顕現）はどこからくるのでもなく、因縁の総体が整わないばあいにも、どこへ行くのでもありません。

良家の子よ、あなたはそれらの如来たちの去来をこのように見るべきであり、良家の子よ、あなたはあらゆるものについても、このことこそ（それらの）ものの本性である、と理解すべきです。良家の子よ、あなたがこのように、如来たちやあらゆるものを不生、不滅である、と完全に知るならば、そのことから、あなたが無上にして完全なさとりにいたることがきまるでしょうし、たしかにあなたは知恵の完成と巧みな手だてを追求することになるでしょう」

「般若経」は、全巻を通じて、あらゆるものは夢のごとく、幻のごとくに空であることを説きつづけている。『八千頌』のこのくだりで、ダルモードガタは、なぜすべてのものが夢幻であり、本体なく、空であるかということを依存性（縁起）という根拠によって論証しようとしている。如来をもふくめて、すべてのものは原因や諸条件に依存してあらわれ、また消える。それは本体として去来し、生滅するのではない。だから、それは夢や幻のように空なるものであり、生じ、来るとしても実在するのではなく、滅し、去るとしても実在したものが滅し、去ったとはいえない。そのように、すべてのものが実在性を離脱し、空であり、原因や条件に依存してのみ現象していることが「ものの本性」（法性）である。そして如来といい、知恵の完成というものはものの本性の呼び名にほかならない。

サダープラルディタの目の前にあらわれた十方世界の諸仏如来はどこからきたのでもな

く、どこへ去ったのでもない。ものの本性はあらゆるところに遍在し、サダープラルディタの眼前にも初めからある。彼の瞑想の力という条件がそろったときに、その、ものの本性は如来の形をとって夢のごとくにあらわれ、瞑想の力が去ったとき、如来の形も夢のごとくに消えただけである。如来の本性とはサダープラルディタの本性であり、夢の本性、幻の本性、空という本性である。それ以外のどこにも如来を求めるべきではない。

『八千頌』が縁起を説くことはめったにない。本書第三章「アクショービヤ如来」の節に引用した文章（一〇八ページ）が縁起を説いている一つの場合である。また第十九章の冒頭に灯火のたとえを出している。灯芯《とうしん》は最初にともされた火によって燃え尽きるのでもなく、最後にともされた炎によって燃え尽きるのでもないが、かといって最初にともされた炎と最後にともされた炎によらないで燃え尽きるのでもない。そのように菩薩大士も最初の発心によって無上にして完全なさとりをさとるのでもなく、最後の発心によってさとるわけでもないが、しかも彼は無上にして完全なさとりをさとる。それが意味深い縁起の真理である、といっている。この灯火のたとえの趣意も第三十一章のダルモードガタの法話と同じである。縁起ということばがあらわれることはほかにもあるが、『八千頌』が理論的に縁起を説くのは上記の三ヵ所においてだけである。しかしそれによって、『八千頌』は、すべて縁起したものは空である、という思想をナーガールジュナに手わたした。そしてその縁起即空の論理を完成することがナーガールジュナの仕事となったのである。

参考文献

恩恵を受けた内外の先学の書物をあげれば限りがない。本書執筆にあたって参考にしえたもので、比較的最近の日本の出版物のみをかかげて、読者の便宜に供したい（平成14年加筆）。

仏伝文学・仏教説話

干潟龍祥『ジャータカ概観』パドマ叢書2　鈴木学術財団　昭和47
岩本裕『仏伝文学・仏教説話』仏教聖典選第二巻　読売新聞社　昭和49
辻直四郎・前田恵学ほか訳『インド集』世界文学大系4　筑摩書房　昭和34
岩本裕『仏教説話研究序説』法蔵館　昭和42
中村元編『仏典』Ⅰ　世界古典文学全集6　筑摩書房　昭和41

大乗仏教の背景と起源

渡辺照宏『仏教』第二版　岩波新書　昭和49
上山春平・梶山雄一編『仏教の思想——その原形をさぐる』中公新書　昭和49
塚本啓祥『初期仏教教団史の研究』改訂増補　第二刷　山喜房仏書林　昭和55
平川彰『初期大乗仏教の研究Ⅰ・Ⅱ』平川彰著作集　第3・4巻　春秋社　平成元・2
静谷正雄『初期大乗仏教の成立過程』百華苑　昭和49

佐々木閑『インド仏教変移論――なぜ仏教は多様化したのか』　大蔵出版　平成12
高田修『仏像の起源』　岩波書店　昭和42
桜部建・上山春平『存在の分析〈アビダルマ〉』　仏教の思想2　角川書店　昭和44

「般若経」・大乗経典
Edward Conze, The Prajñāpāramitā Literature, 2nd ed. The Reiyukai 1978
Ryusho Hikata, Suvikrāntavikrāmi-paripṛcchā Prajñāpāramitā sūtra, ed. with an introductory essay, Reprint, Rinsen Book Co. 1983
長尾雅人・戸崎宏正訳『般若部経典』（『金剛般若経』『善勇猛般若経』）　大乗仏典1　中央公論社　昭和48、中公文庫　平成13
梶山雄一訳『八千頌般若経』Ⅰ　梶山雄一・丹治昭義訳『八千頌般若経』Ⅱ　大乗仏典2・3　中央公論社　昭和49・50　中公文庫　平成13
岩本裕『大乗経典』二（『般若心経』『七百頌般若』『一万頌般若経』を含む）　仏教聖典選第四巻　読売新聞社　昭和50
岩本裕『密教経典』（『理趣経』を含む）　仏教聖典選第七巻　読売新聞社　昭和50
中村元・紀野一義訳註『般若心経・金剛般若経』　岩波文庫　昭和35
長尾雅人・丹治昭義訳『維摩経・首楞厳三昧経』　大乗仏典7　中央公論社　昭和49　中公文庫　平成14
荒牧典俊訳『十地経』　大乗仏典8　中央公論社　昭和49
田村智淳訳『三昧王経』Ⅰ　田村智淳・一郷正道訳『三昧王経』Ⅱ　大乗仏典10・11　中央公論社　昭和50

長尾雅人・桜部建訳『宝積部経典』(『郁伽長者所問経』を含む)大乗仏典9 中央公論社 昭和49
松濤誠廉・長尾雅人・丹治昭義・桂紹隆訳『法華経』I・II 大乗仏典4・5 中央公論社 昭和50 中公文庫 平成13・14

KODANSHA

本書の原本は二〇〇二年八月、中公文庫BIBLIOより刊行されました。

梶山雄一（かじやま　ゆういち）

1925年，静岡市生まれ。京都大学文学部哲学科卒業。専攻は仏教学。京都大学教授，佛教大学教授のほか，ハーバード大学やウィーン大学などで客員教授を務め，2004年没。著書に，『仏教における存在と知識』，『輪廻の思想』，『梶山雄一著作集（全8巻）』などのほか，インド仏典の翻訳が多数ある。講談社学術文庫に『大乗仏教の誕生』，共訳注に『完訳 ブッダチャリタ』。

講談社学術文庫

定価はカバーに表示してあります。

般若経《はんにゃきょう》

空《くう》の世界《せかい》

梶山雄一《かじやまゆういち》

2022年10月11日　第1刷発行

発行者　鈴木章一

発行所　株式会社講談社

東京都文京区音羽2-12-21 〒112-8001

電話　編集（03）5395-3512

販売（03）5395-4415

業務（03）5395-3615

装　幀　蟹江征治

印　刷　株式会社広済堂ネクスト

製　本　株式会社国宝社

本文データ制作　講談社デジタル製作

ISBN978-4-06-529735-3

「講談社学術文庫」の刊行に当たって

これは、学術をポケットに入れることをモットーとして生まれた文庫である。学術は少年の心を養い、成年の心を満たす。その学術がポケットにはいる形で、万人のものになることは、生涯教育をうたう現代の理想である。

こうした考え方は、学術を巨大な城のように見る世間の常識に反するかもしれない。また、一部の人たちからは、学術の権威をおとすものと非難されるかもしれない。しかし、それはいずれも学術の新しい在り方を解しないものといわざるをえない。

学術は、まず魔術への挑戦から始まった。やがて、いわゆる常識をつぎつぎに改めていった。学術の権威は、幾百年、幾千年にわたる、苦しい戦いの成果である。こうしてきずきあげられた城が、一見して近づきがたいものにうつるのは、そのためである。しかし、学術の権威を、その形の上だけで判断してはならない。その生成のあとをかえりみれば、その根は常に人々の生活の中にあった。学術が大きな力たりうるのはそのためであって、生活をはなれた学術は、どこにもない。

開かれた社会といわれる現代にとって、これはまったく自明である。生活と学術との間に、もし距離があるとすれば、何をおいてもこれを埋めねばならない。もしこの距離が形の上の迷信からきているとすれば、その迷信をうち破らねばならぬ。

学術文庫は、内外の迷信を打破し、学術のために新しい天地をひらく意図をもって生まれた。文庫という小さい形と、学術という壮大な城とが、完全に両立するためには、なおいくらかの時を必要とするであろう。しかし、学術をポケットにした社会が、人間の生活にとってより豊かな社会であることは、たしかである。そうした社会の実現のために、文庫の世界に新しいジャンルを加えることができれば幸いである。

一九七六年六月　　　野間省一